쉬운 EASY 베스트 소곡집

일신서적출판사

머리말

바이엘과 동요곡집으로 피아노 기초 단계를

마무리하는 과정이거나 체르니 100번 단계에 들어서는 과정은

피아노 연주를 통하여 음악적 감수성을

한 단계 키울 수 있는 중요한 시기입니다.

좀 더 피아노에 대해 흥미를 가지고 재미있게 연주하면서 연주 테크닉은 물론,

음악적 표현력도 키우고 성취감을 높여줄 수 있는 곡집이 필요한 때이기도 합니다.

"베스트 소곡집"은 기존의 소곡집 수준을 낮추어

바이엘 후반부터 연주할 수 있도록. 유명하고 훌륭한 작품들을 선별하여

원곡의 느낌을 최대한 살리면서도 쉽게 연주할 수 있도록 난이도를 조절하였습니다.

또한 노래로 불리는 곡들은 노랫말과 코드를 수록하여

곡을 이해하고 그 느낌을 표현할 수 있도록 배려하였습니다.

68곡의 주옥같은 명곡들을 연주하고 배우면서

피아노 실력이 향상됨은 물론,

음악적 소양과 성취감이 높아지기를 바랍니다.

차 례

미뉴에트

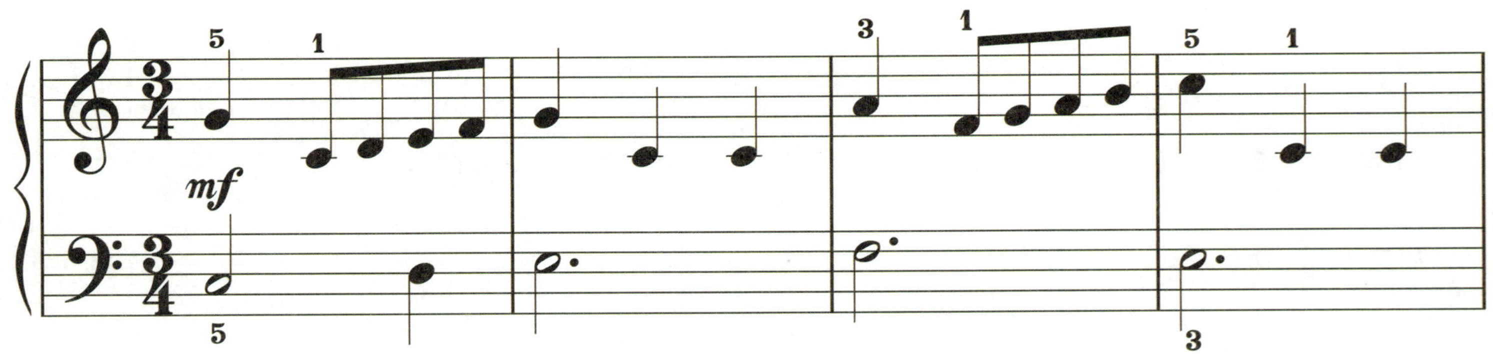

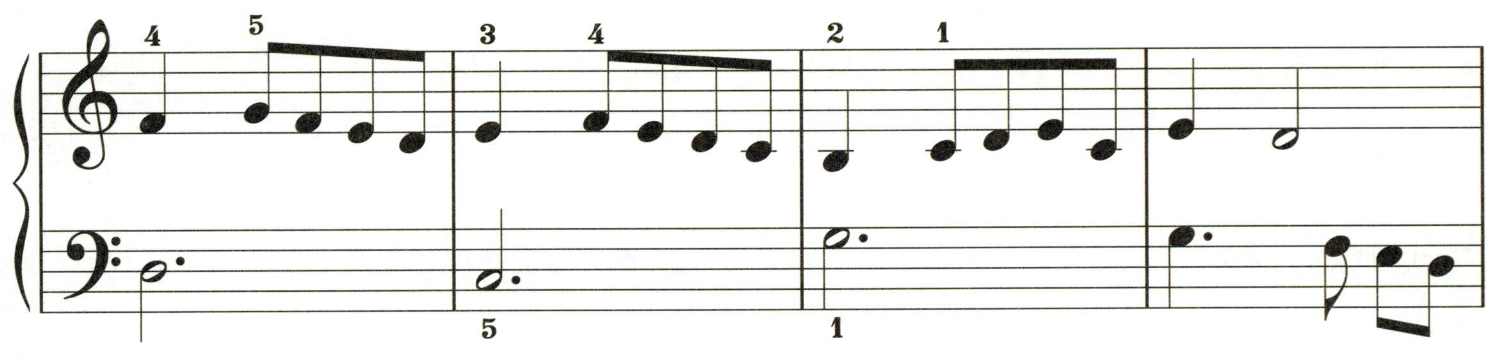

예수는 나의 참된 기쁨

Allegretto

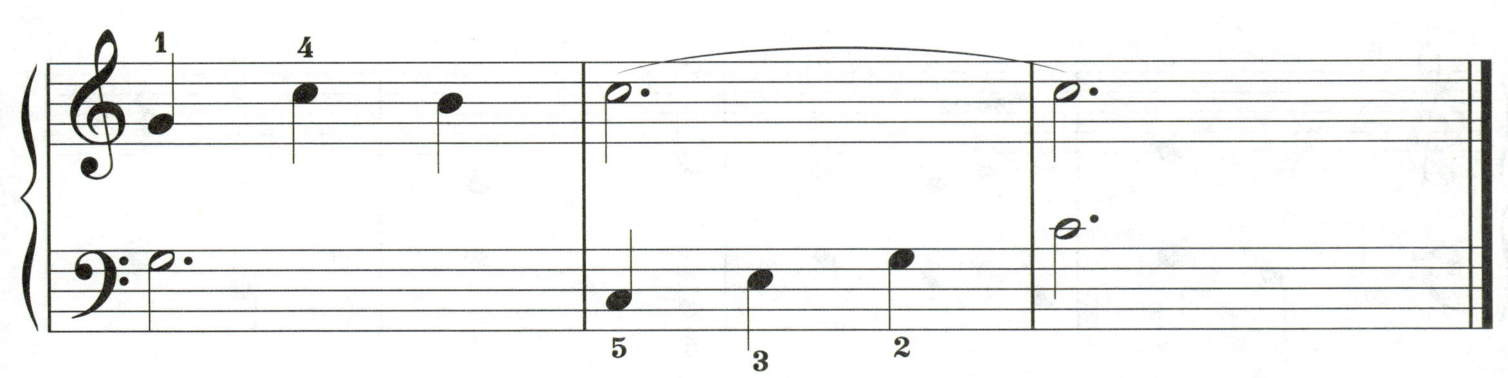

론도

Moderato

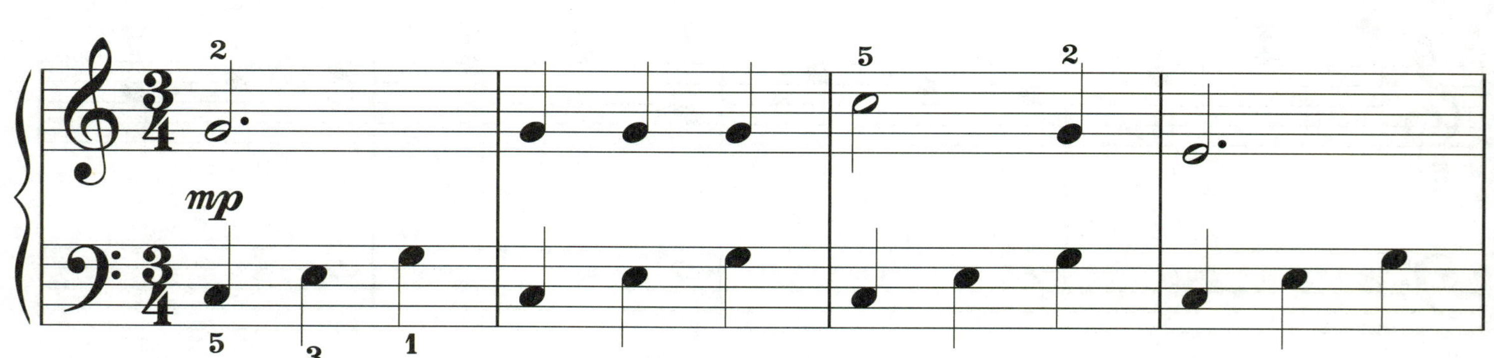

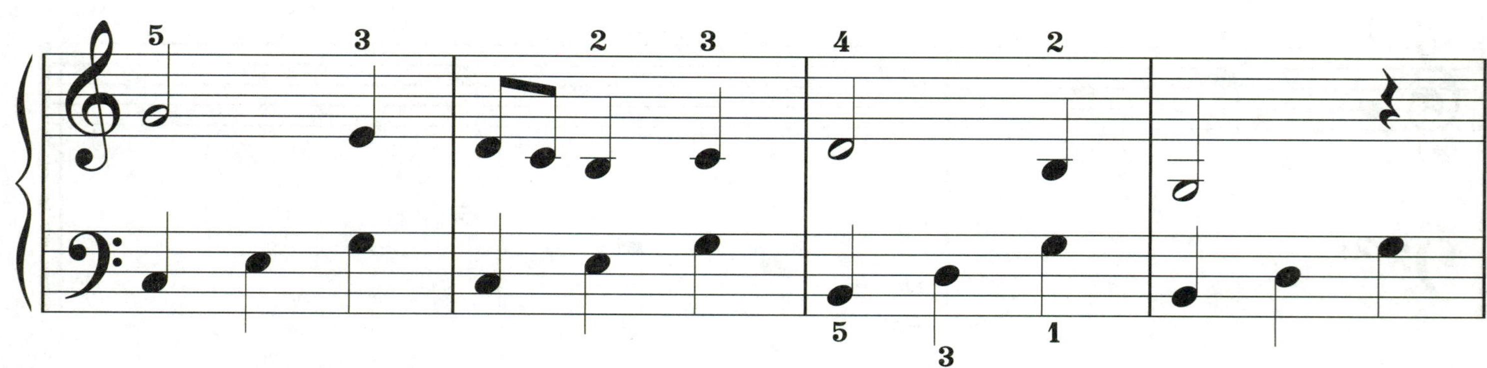

Puff

피터 애로우

Moderato

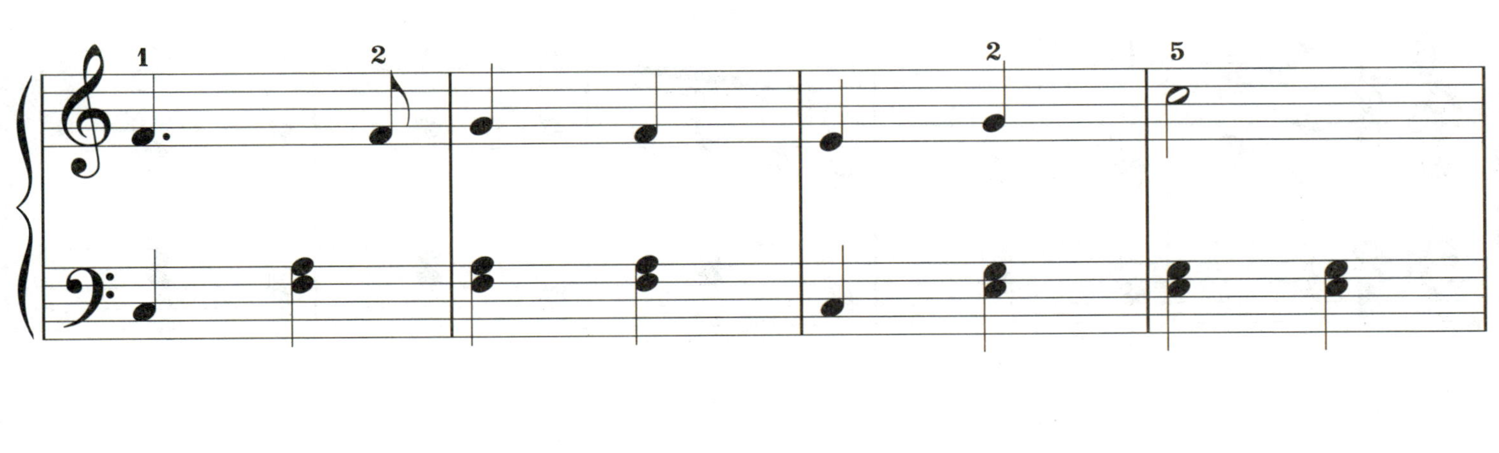

딕시

Allegretto

에멧

결혼 행진곡

바그너

Andantino

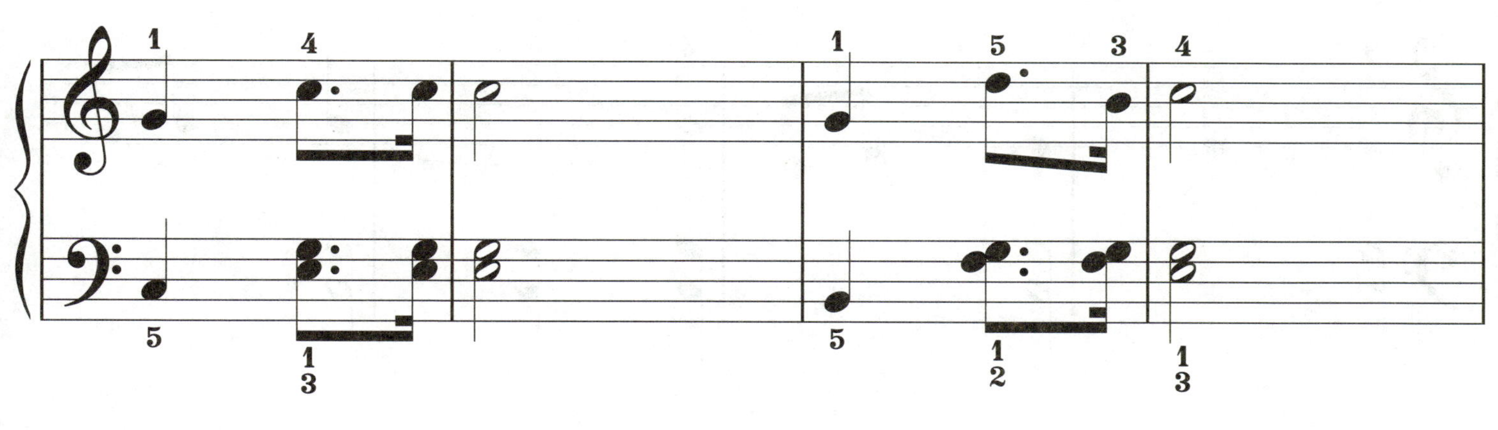

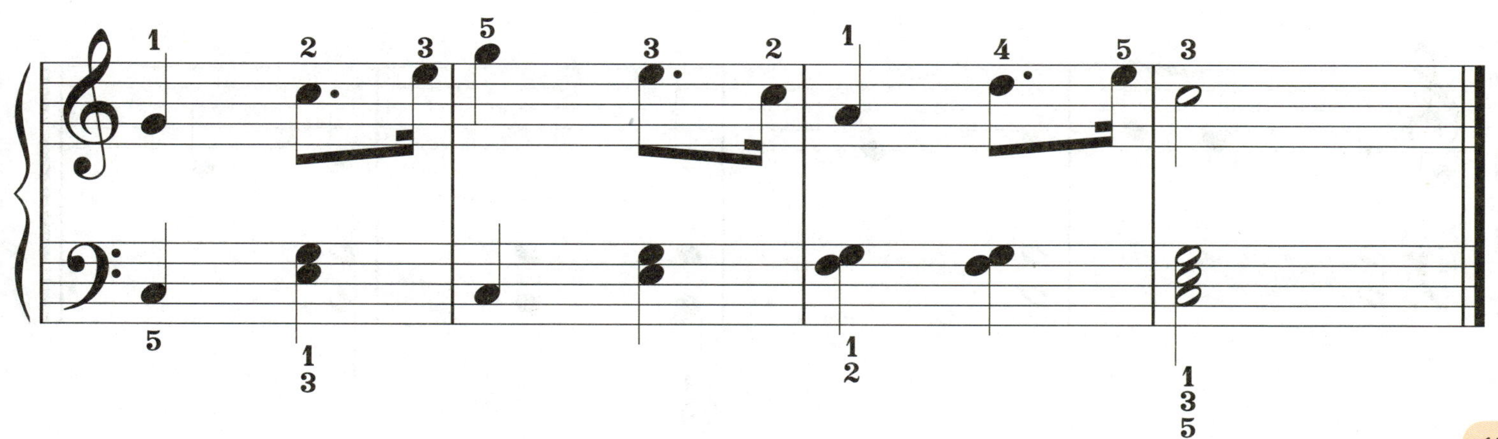

사계 중 '봄'

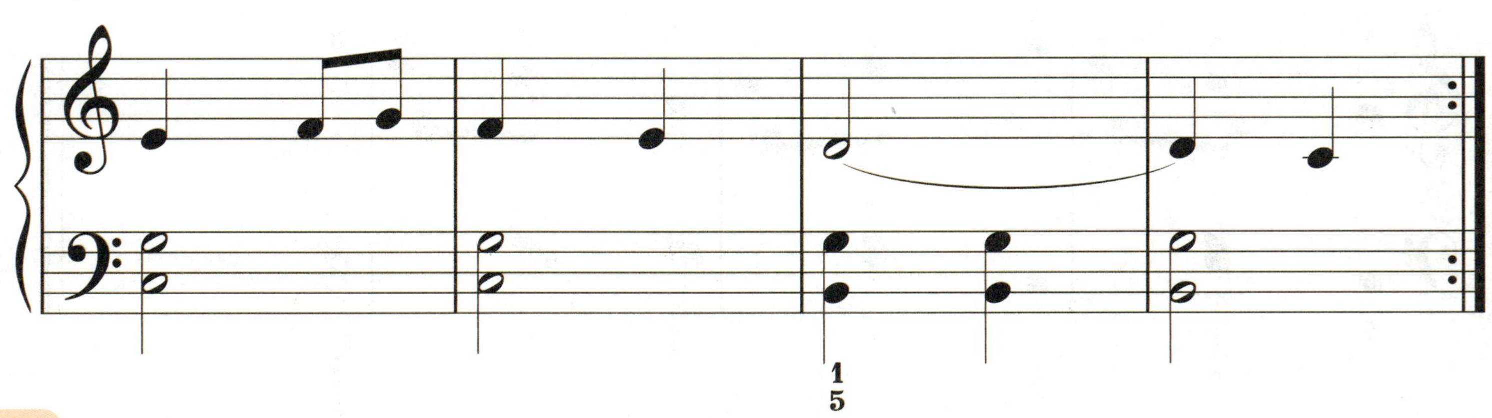

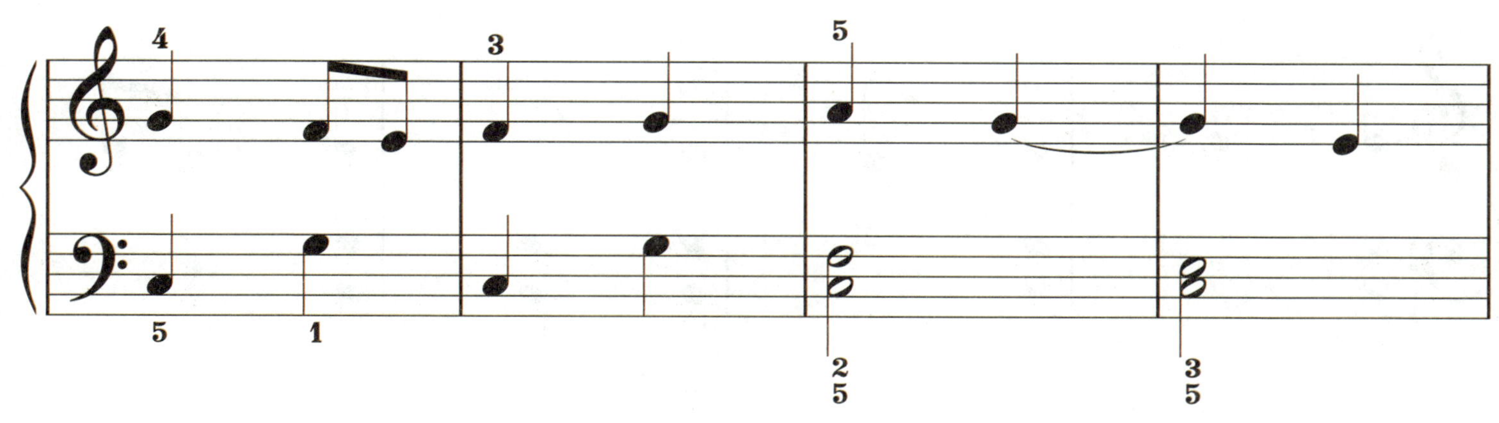

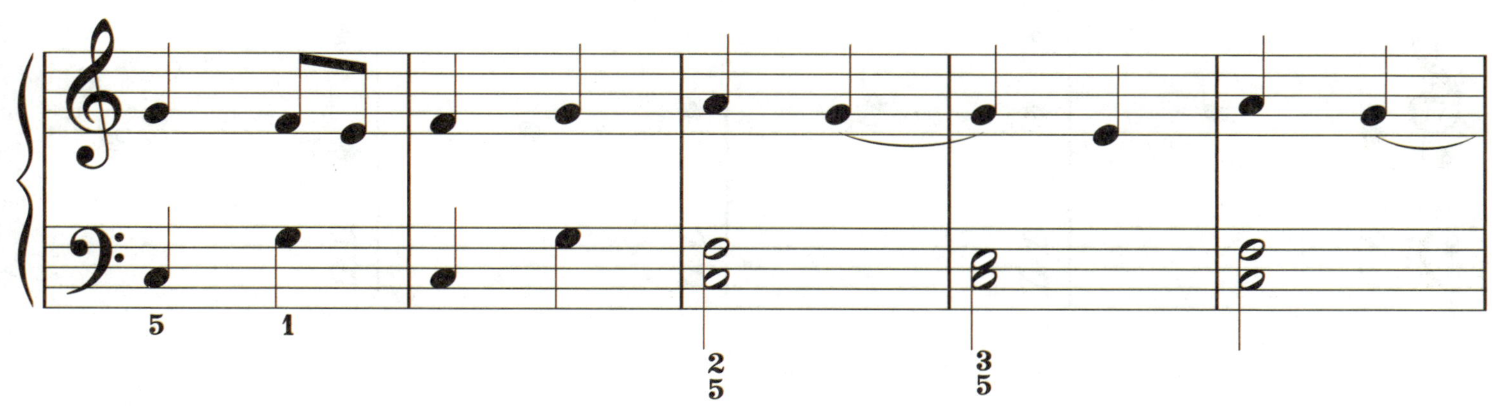

오 수잔나

Allegro

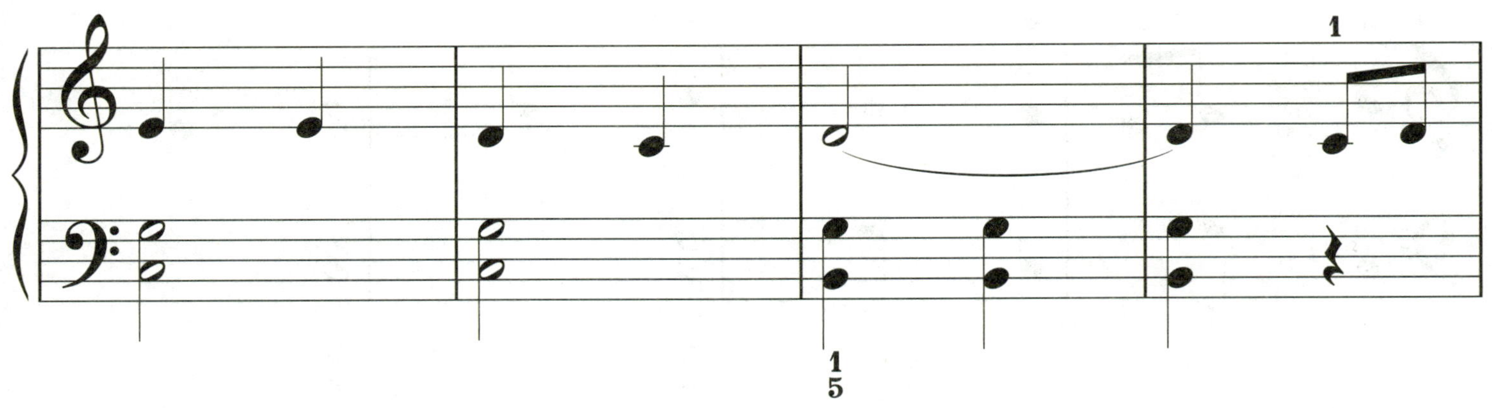

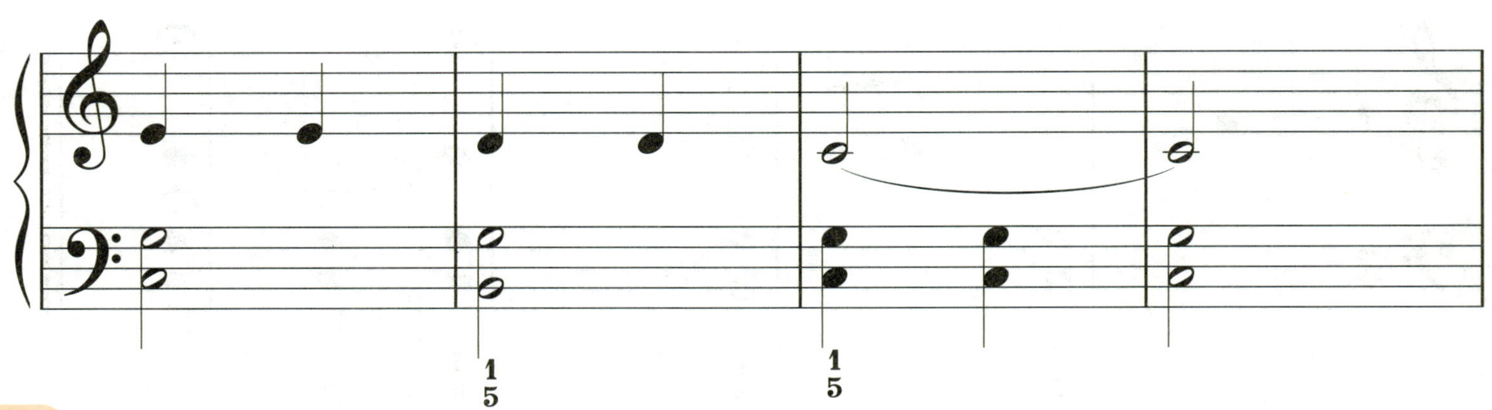

f

로망스

Allegretto

스페인 민요

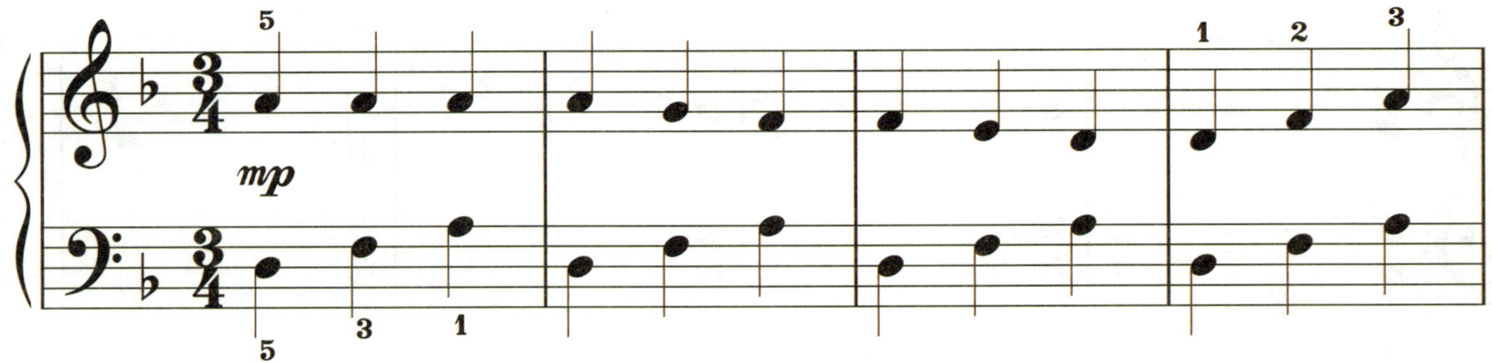

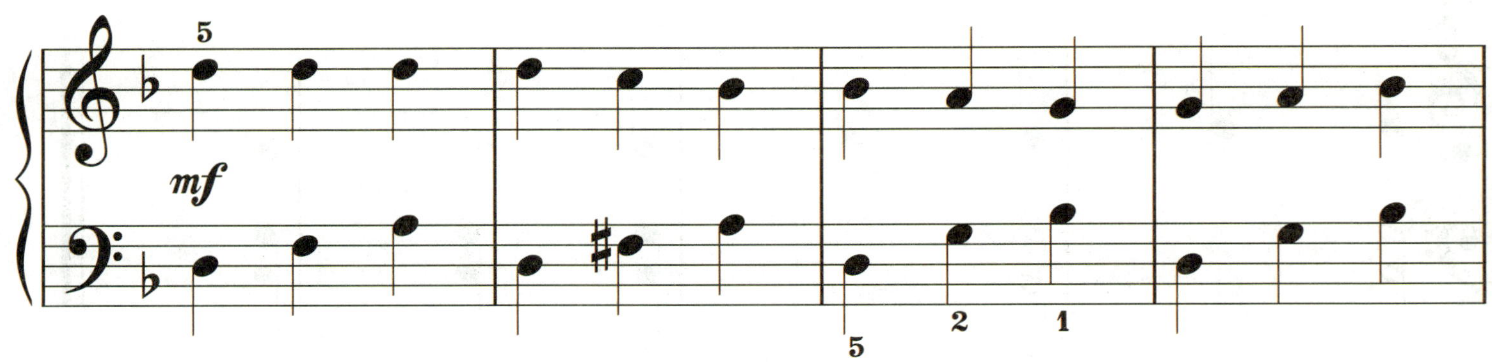

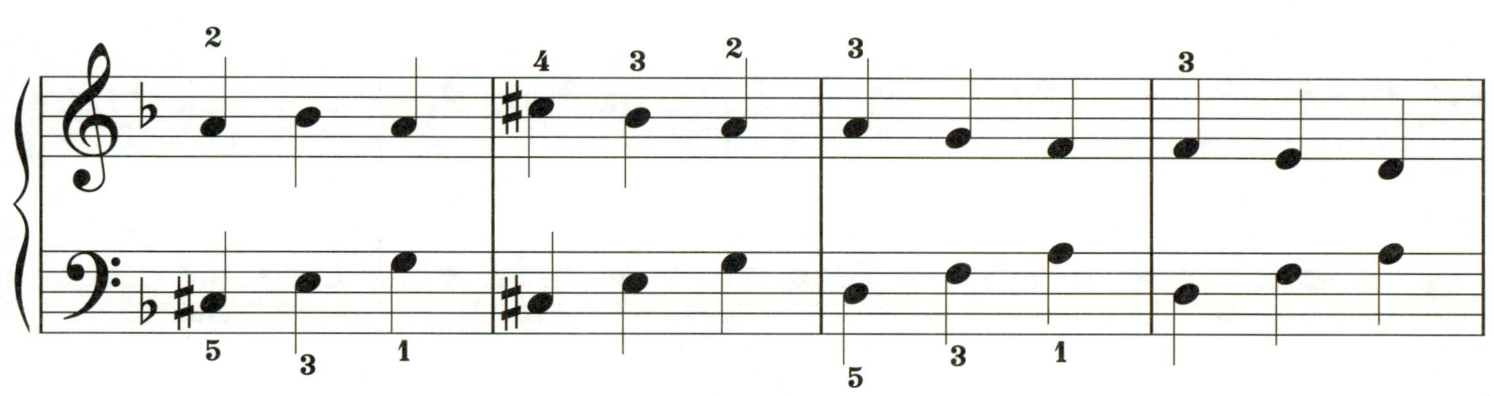

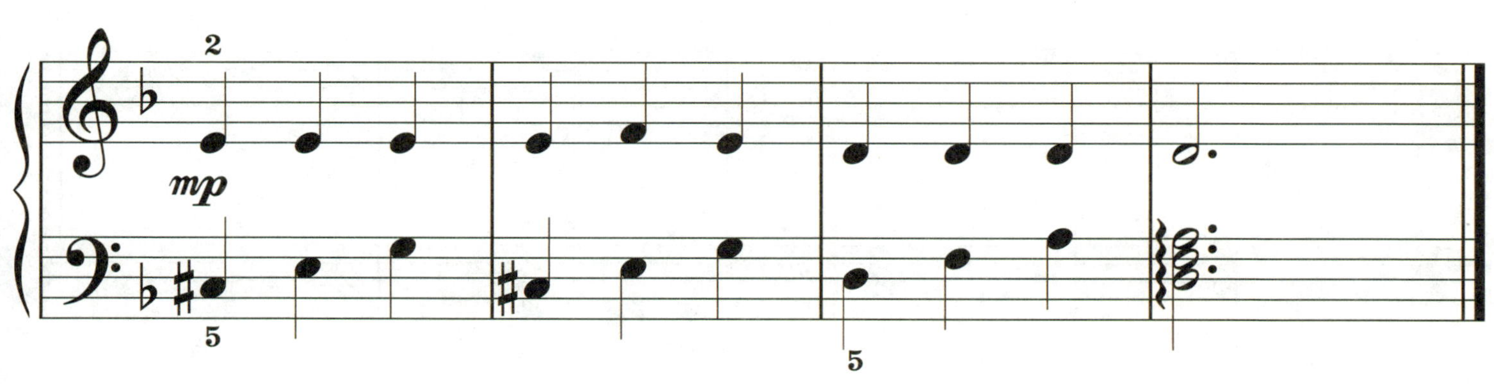

종소리

Moderato

피어폰트

꿈길에서

Allegretto

포스터

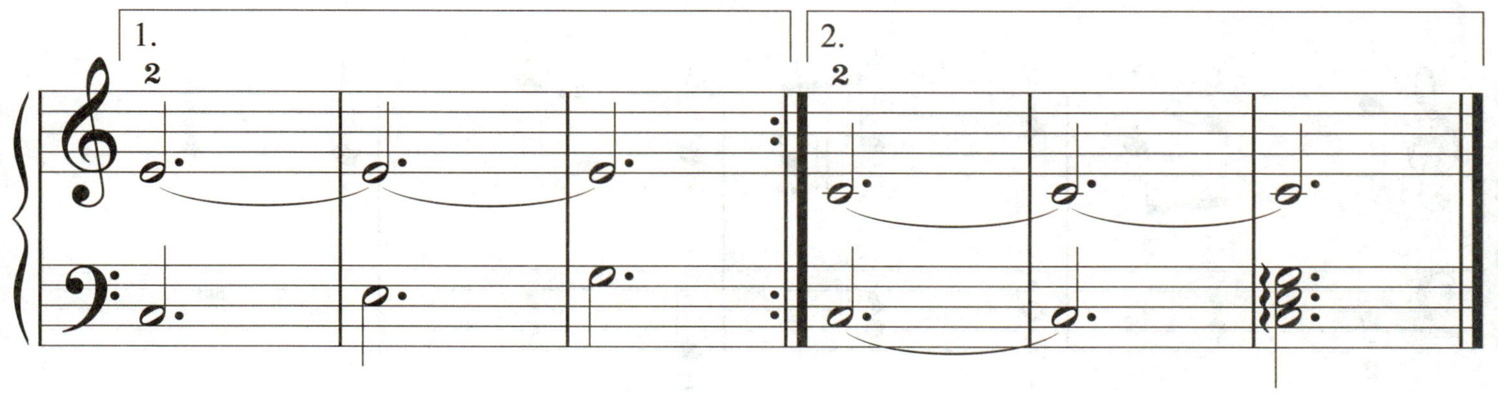

가보트

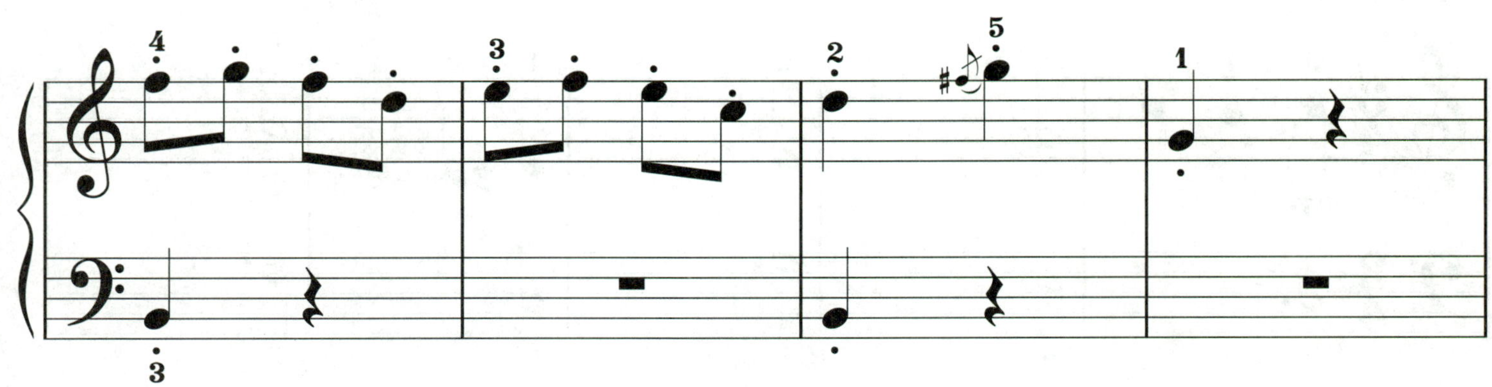

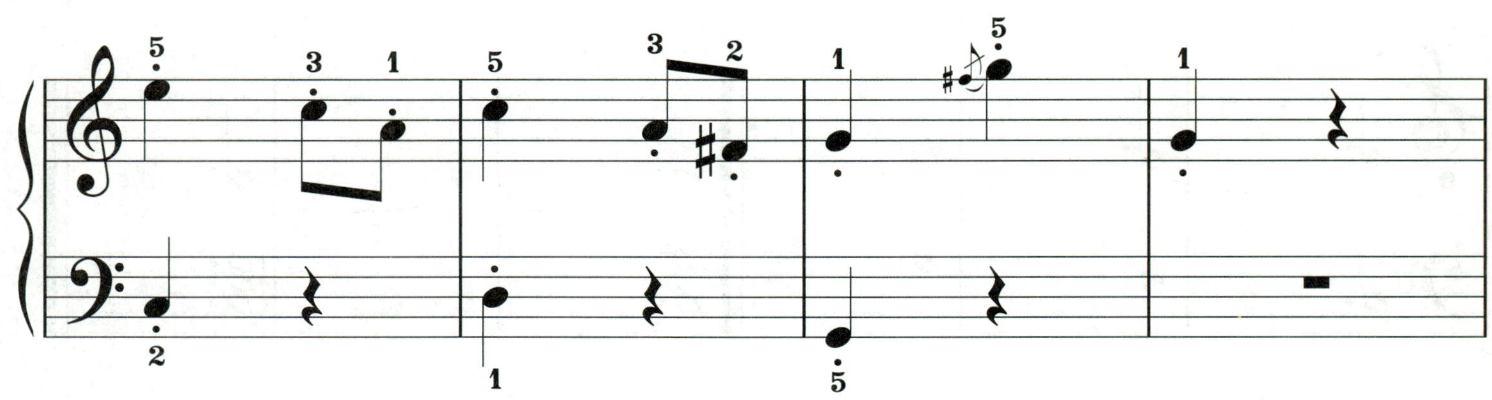

송어

Allegretto

슈베르트

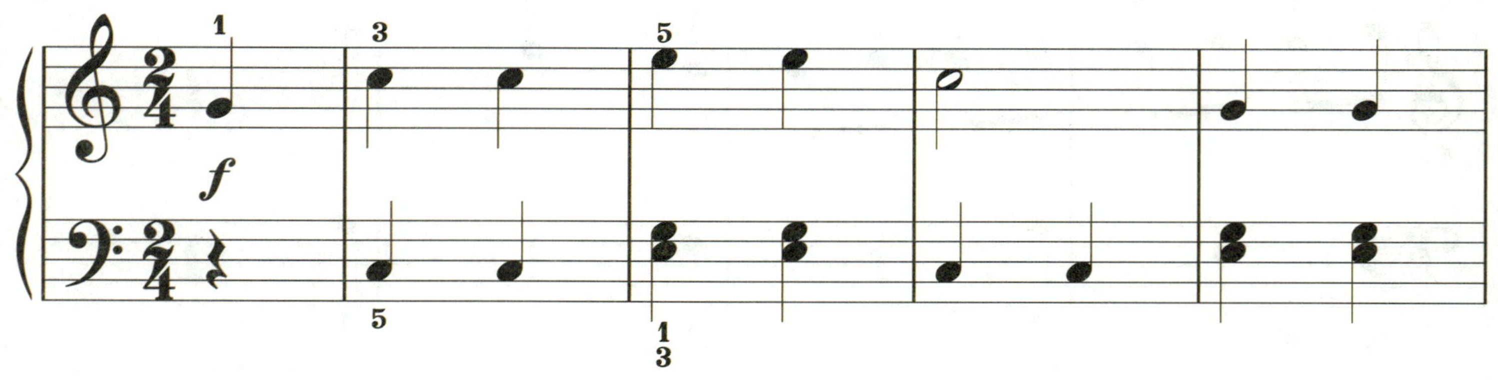

EASTER

스와니강

Moderato
포스터
mp
legato
mf
머 나먼저곳 스와니 강물 그 리워 라
날 사랑하는 부모 형제 이 몸을기 다 려
이 세상 에 정 처없 는 나 그 네 의 길
아 그리워라 스와니 강물 멀 고먼옛 고 향

그 옛날에

Allegretto
베일리
C
G
C
mp 옛 날에즐 거이 지 내던일 나 언제나 그 리워라
legato (부드럽게 이어서)
C
G7
C
동 산에올 라가 함 께놀던 그 옛날의 친구 들

G7   C   G7   C
mf 먼 산 에 진 달 래 곱 게 피 고   뻐 꾸 기 한 나 절 울 어 대 는
C   G7   C
mp 그 리 운 옛 날 의 그 얘 기 를   다 시 들 려 주 세 요

춤추자

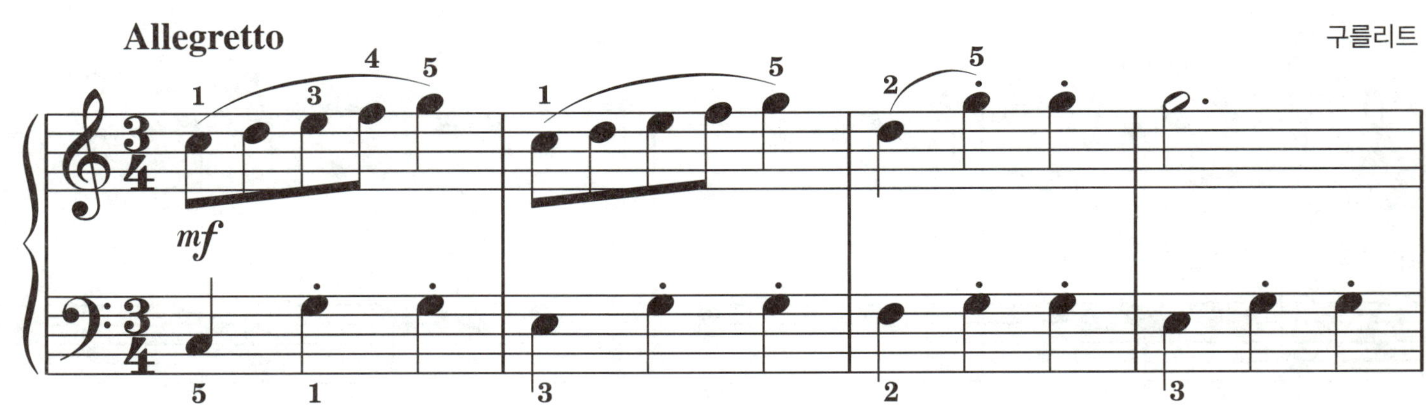

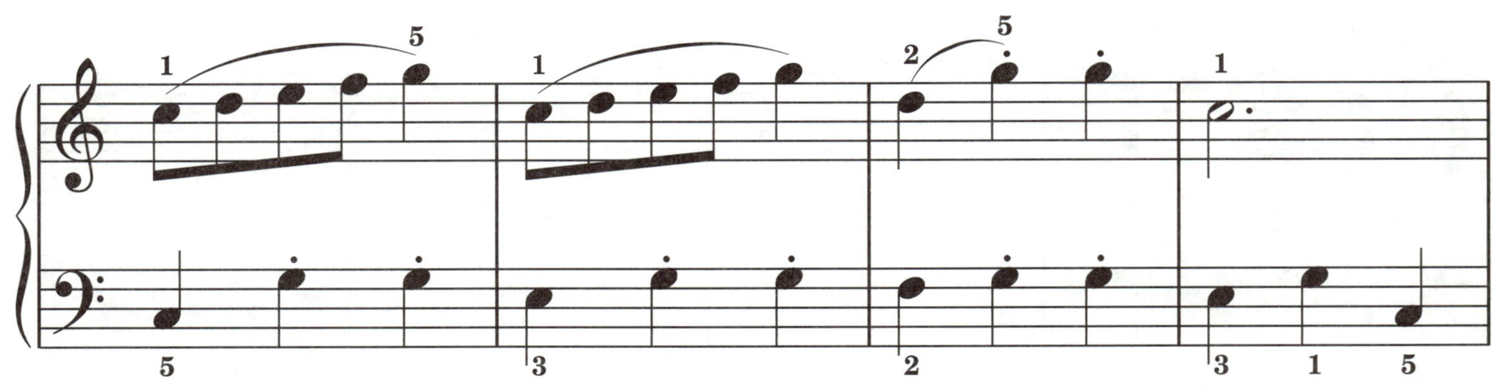

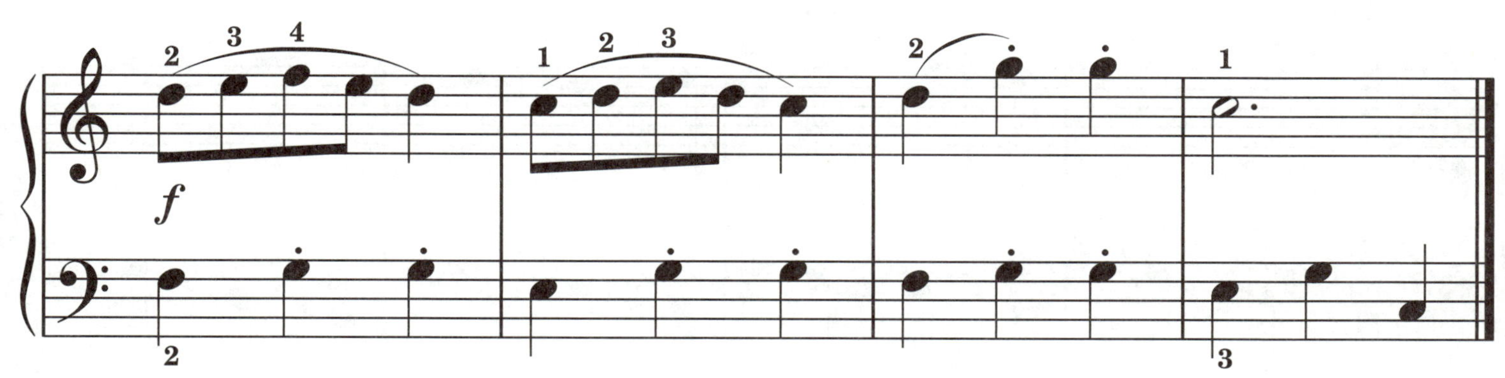

내 마음의 친구

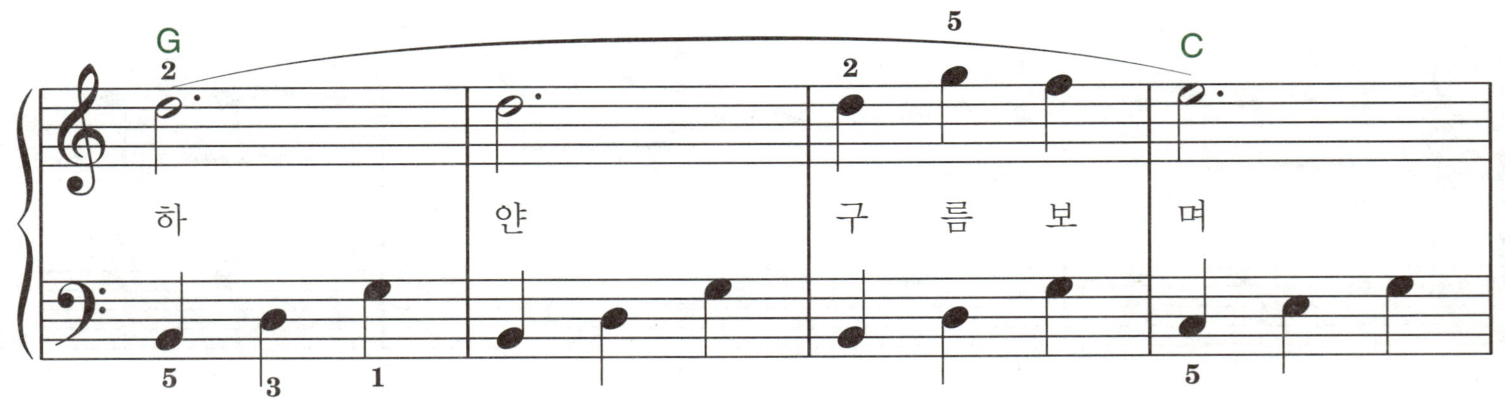

G
C
지 금 은 어 디 있 나 ―

F
C
G7
C
mf 내 마 음 의

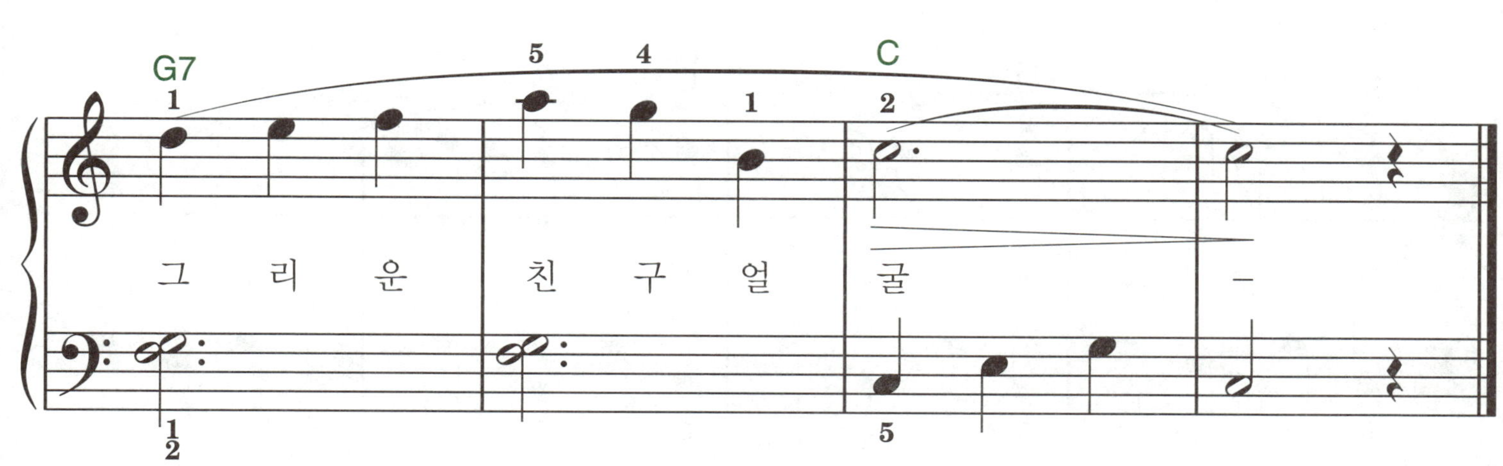

G7
C
그 리 운 친 구 얼 굴 ―

슈베르트의 자장가

슈베르트
Andante
C
G
C
D
G7
mp
legato
C
G
C
G
C

잘 자라 내 아기 노래를 - 들 - 으 며

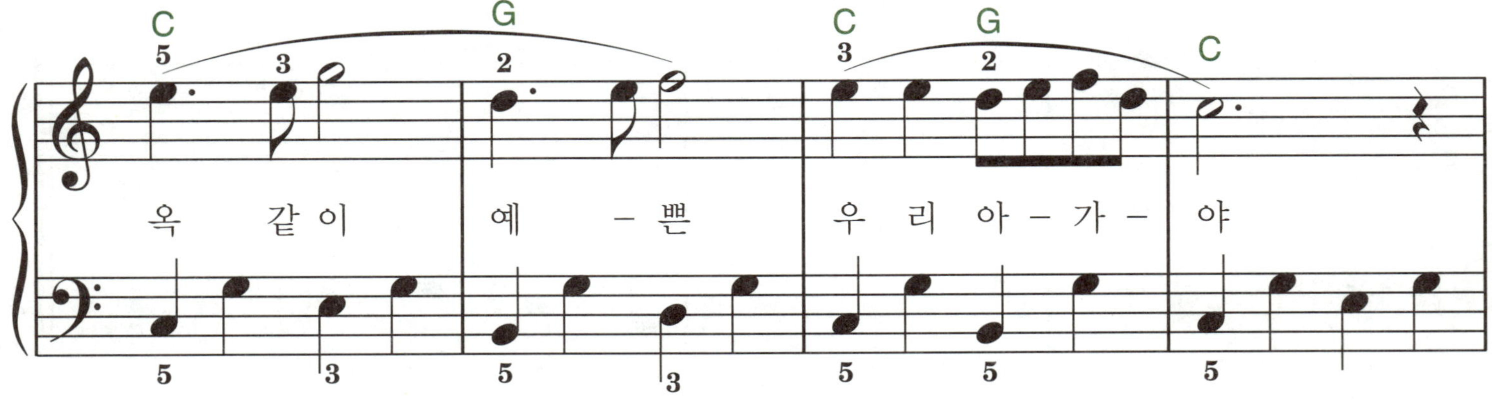

옥 같이 예 - 쁜 우 리 아 - 가 - 야

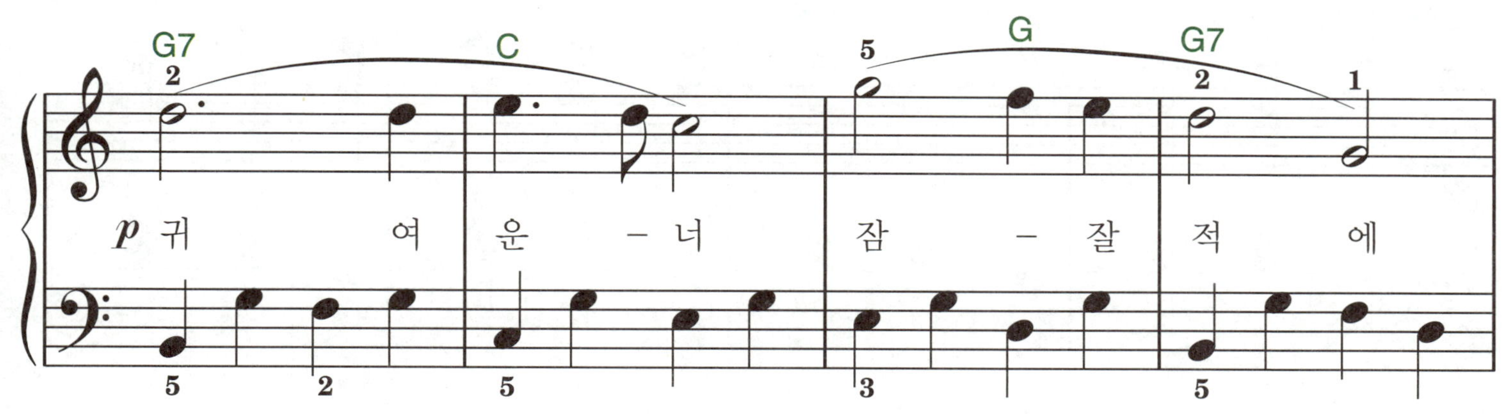

G7
C
G
G7
p 귀 여 운 - 너   잠 - 잘 적 에

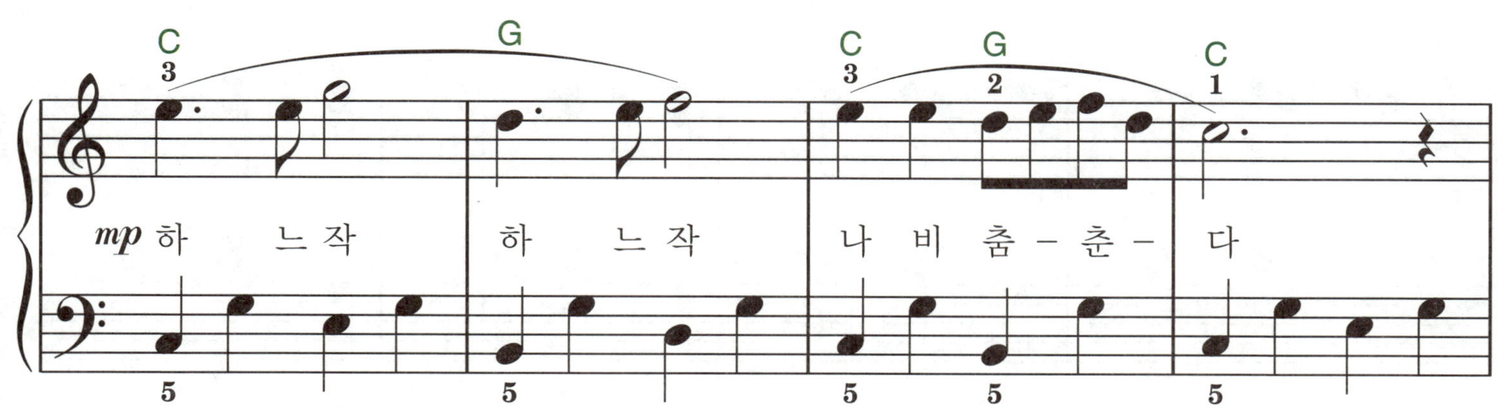

C
G
C
G
C
mp 하 느 작   하 느 작   나 비 춤 - 춘 - 다

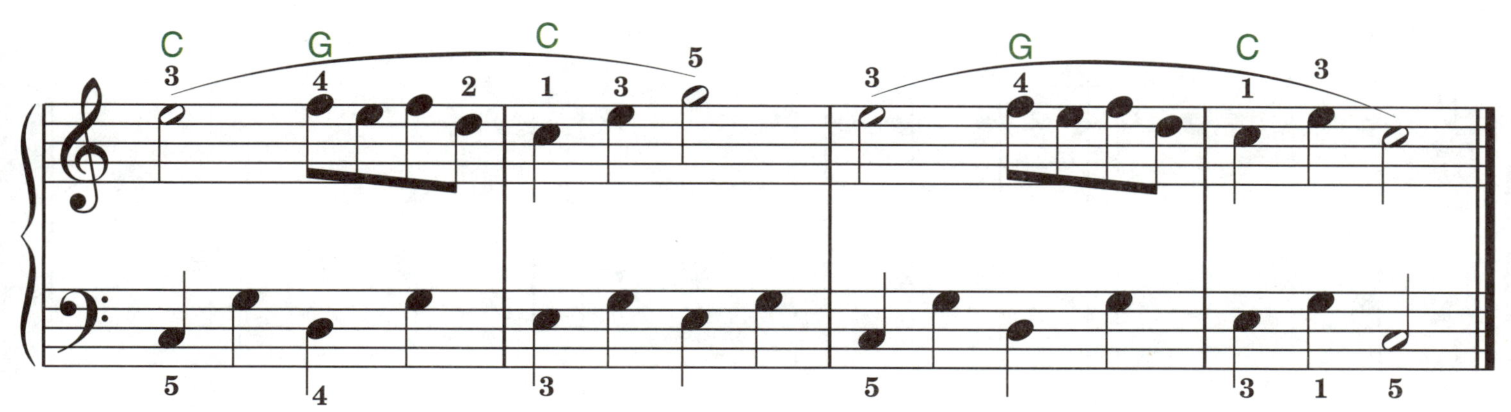

C
G
C
G
C

젓가락 행진곡

D. C.

꿈 속의 고향

드보르자크

Largo

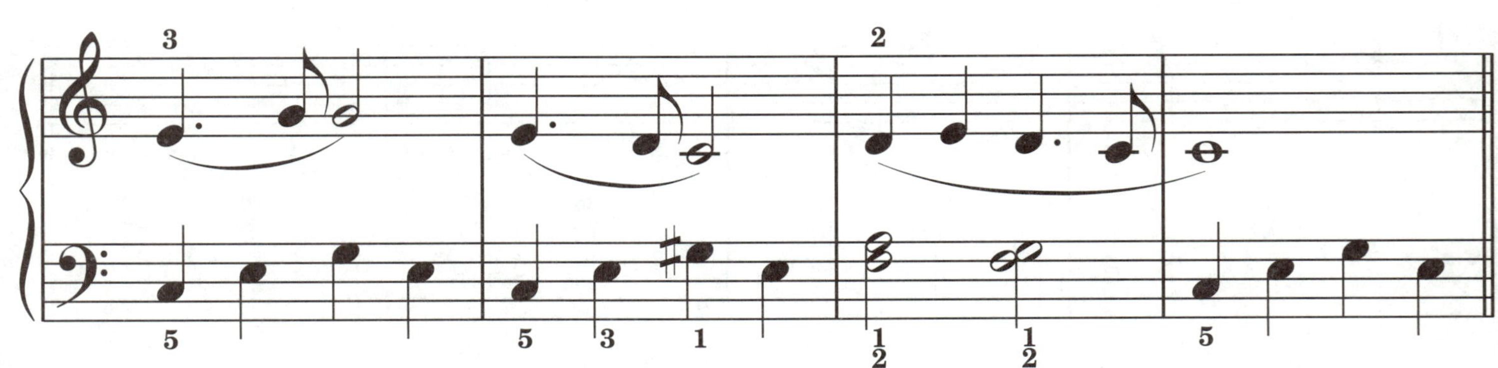

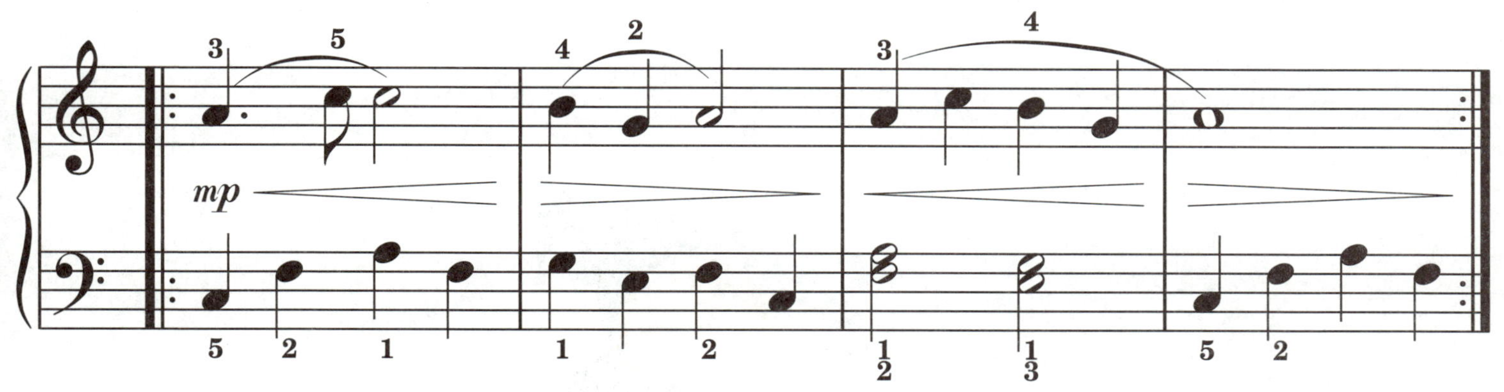
mp

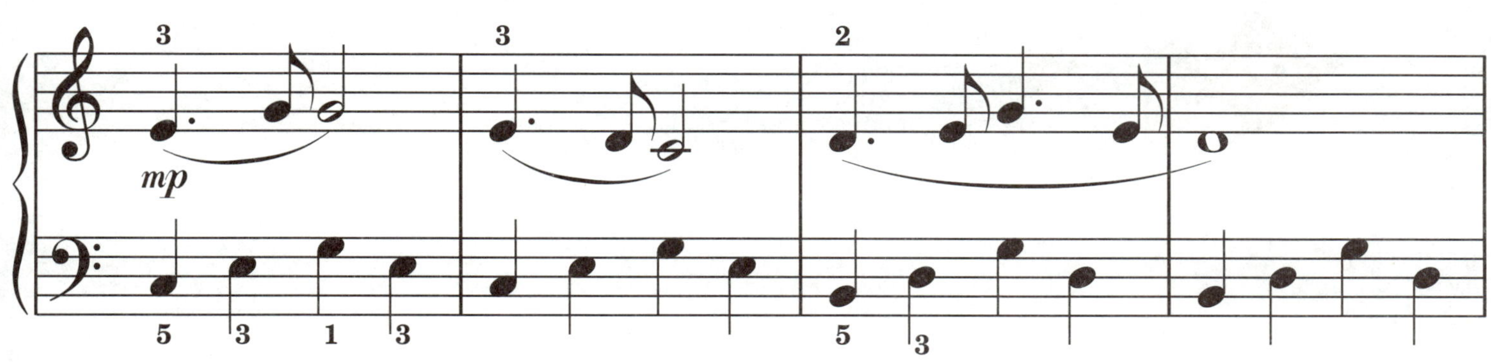
mp

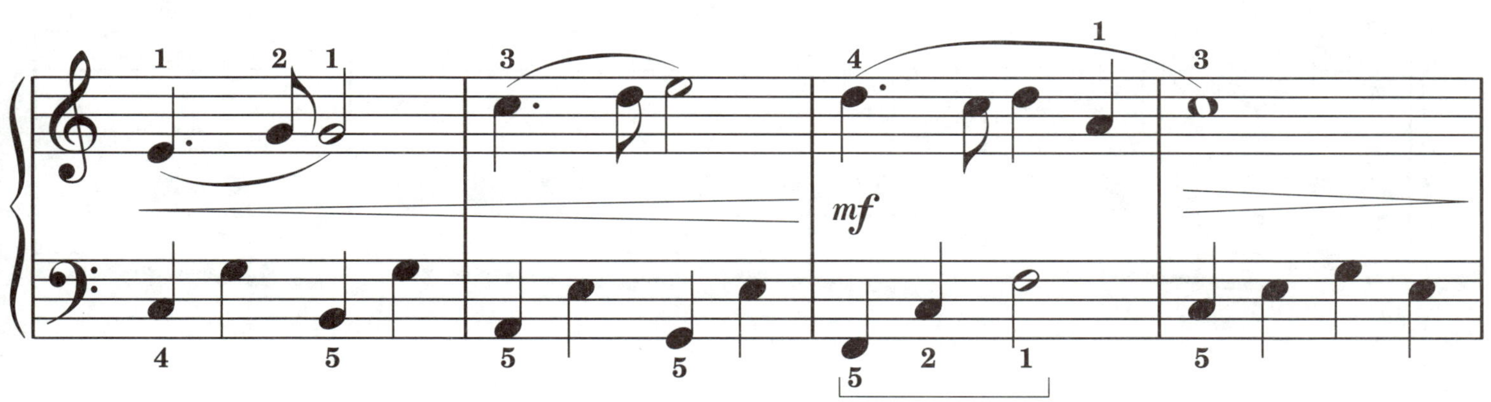
mf

"천국과 지옥" 중 캉캉

오펜바흐

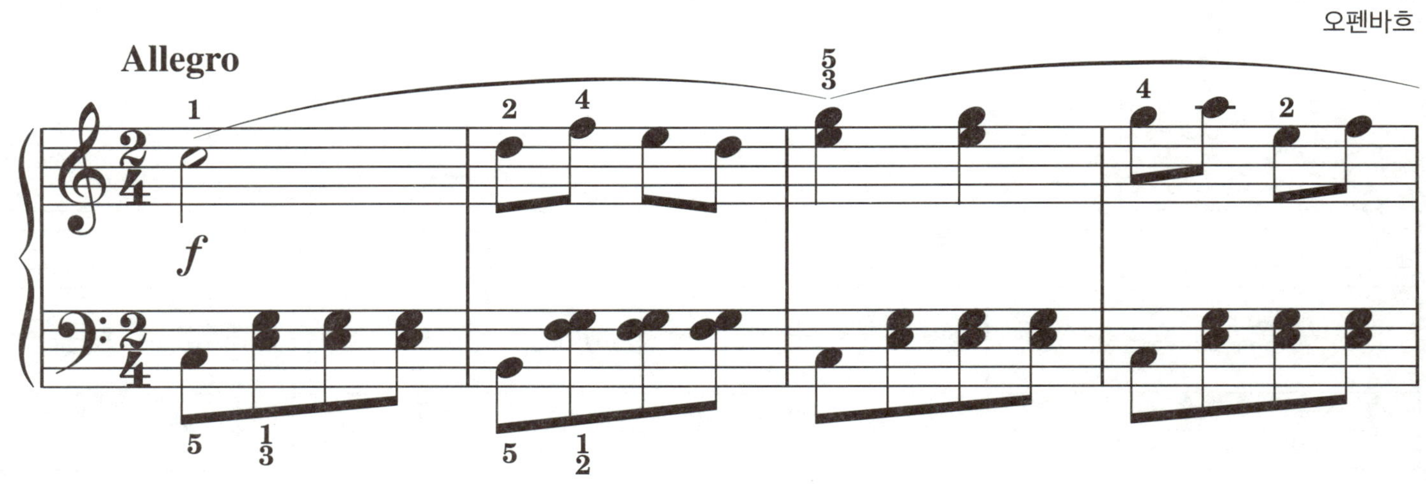

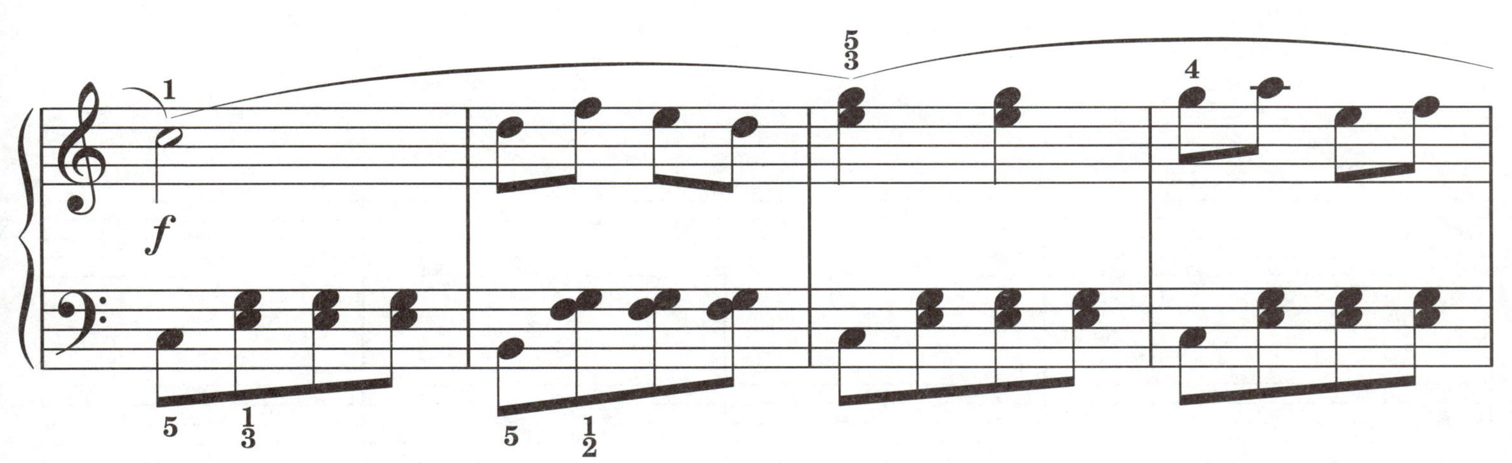

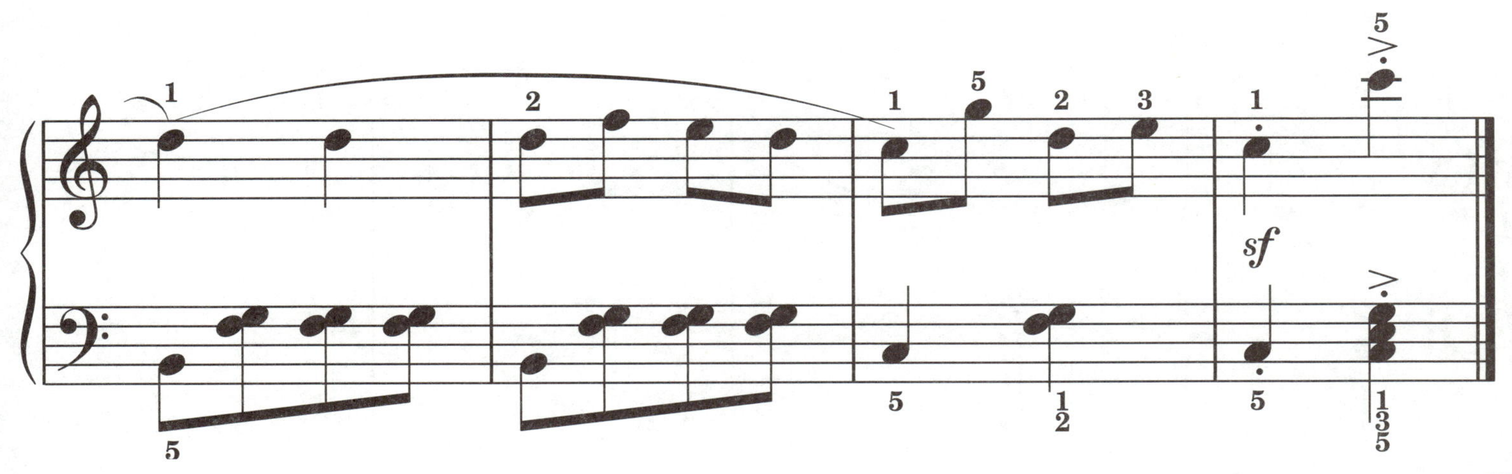

놀람 교향곡

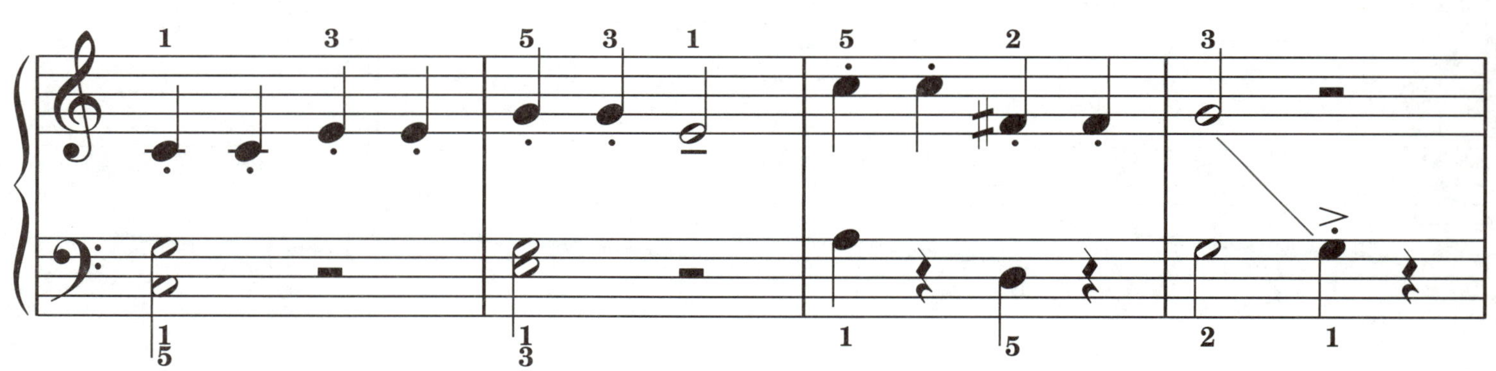

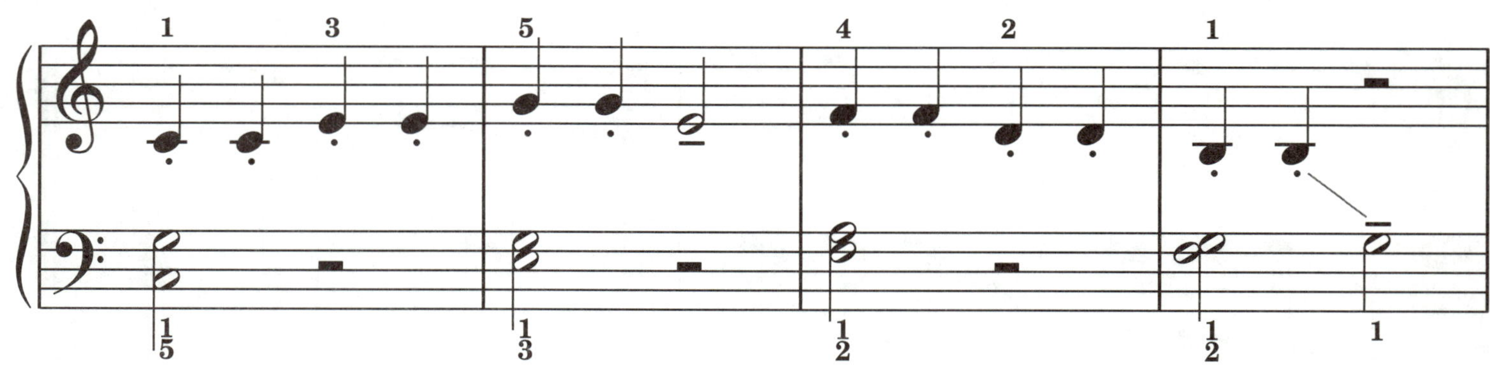

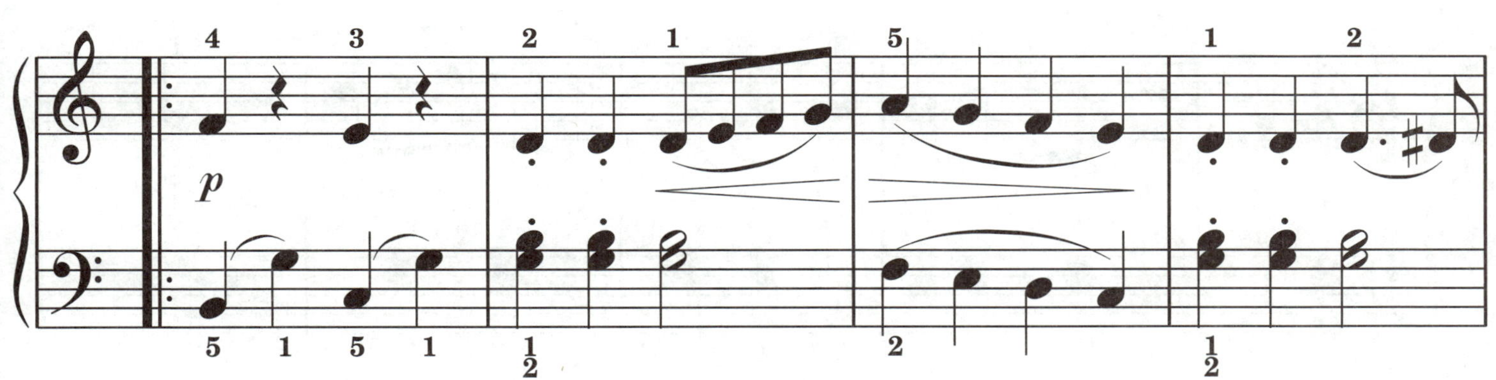

축하하오 기쁜 크리스마스

C G D G7
mp 소 식 당 신 과 당 신 왕 께 축
C Em Dm G7 C
하 하오 기쁜 크리스 마스 또 복 된 새 해 축
C F D G7
mf 하 하 오 기 쁜 크리스 마스 축 하 하 오 기 쁜 크리스 마스 축
C F C Dm G7 C
하 하오 기 쁜 크리스 마스 또 복 된 새 해

즐거운 나의 집

Moderato
비숍
C   G7   C   G   G7   C
즐 거 운 곳 에 서 는 날 오 라 하 여 도   내
mp
legato
C   G7   C   G   G7   C
쉴 -곳 은 작 은 집 내 집뿐 이 리   mf 내
C   F   C   G   G7   C
나 -라 내 기 쁨 길 이 -쉴 곳 도   꽃

C   F   C   G   G7   C
피 －고 새 우 는 집 내 집뿐이 리

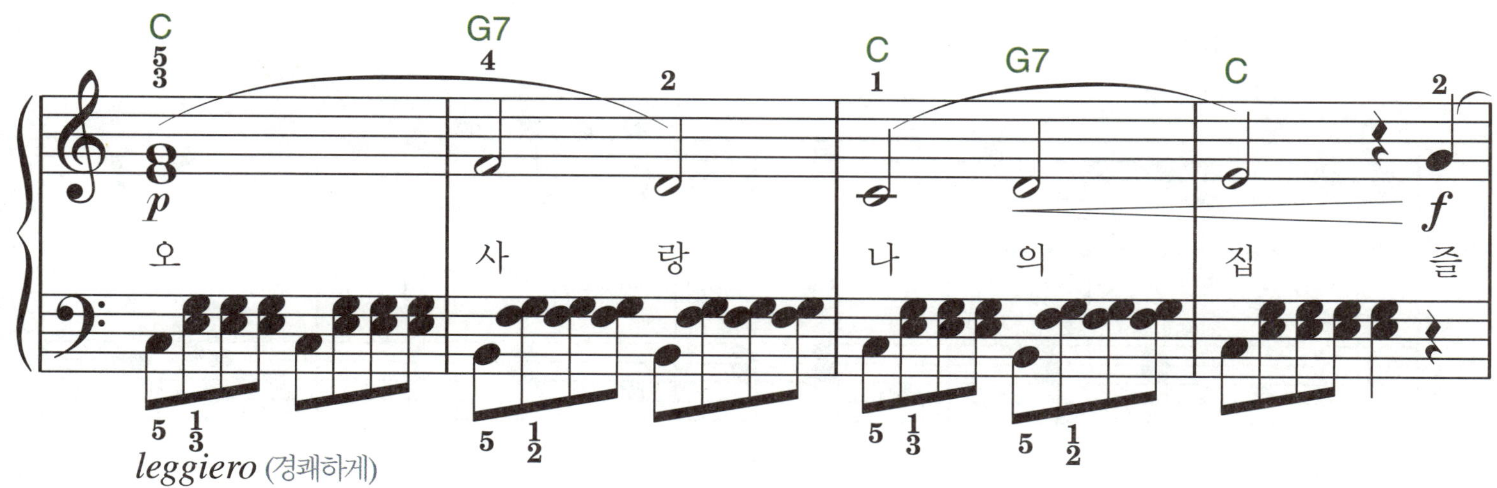
C   G7   C   G7   C
오   사 랑   나 의   집   즐
p
leggiero (경쾌하게)

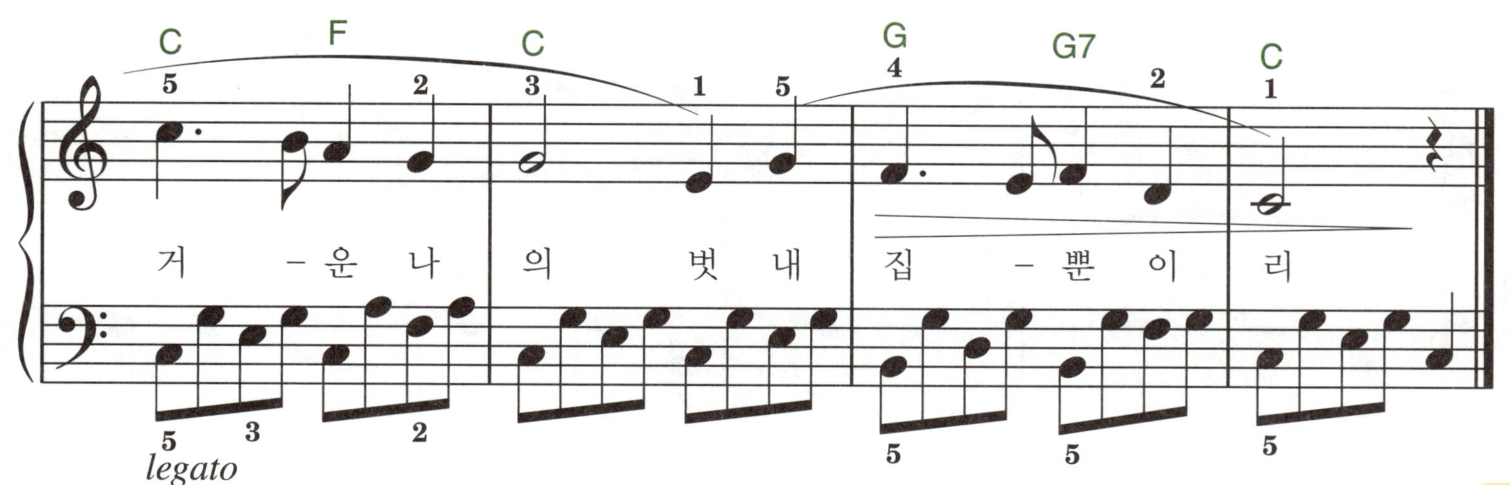
C   F   C   G   G7   C
거 －운나 의 벗내 집 －뿐이 리
legato

라 쿠카라차

멕시코 민요

Allegretto
C
G7
mp 병 정 들 이 전 진 한 다   이 마 을 저 마 을   지 나

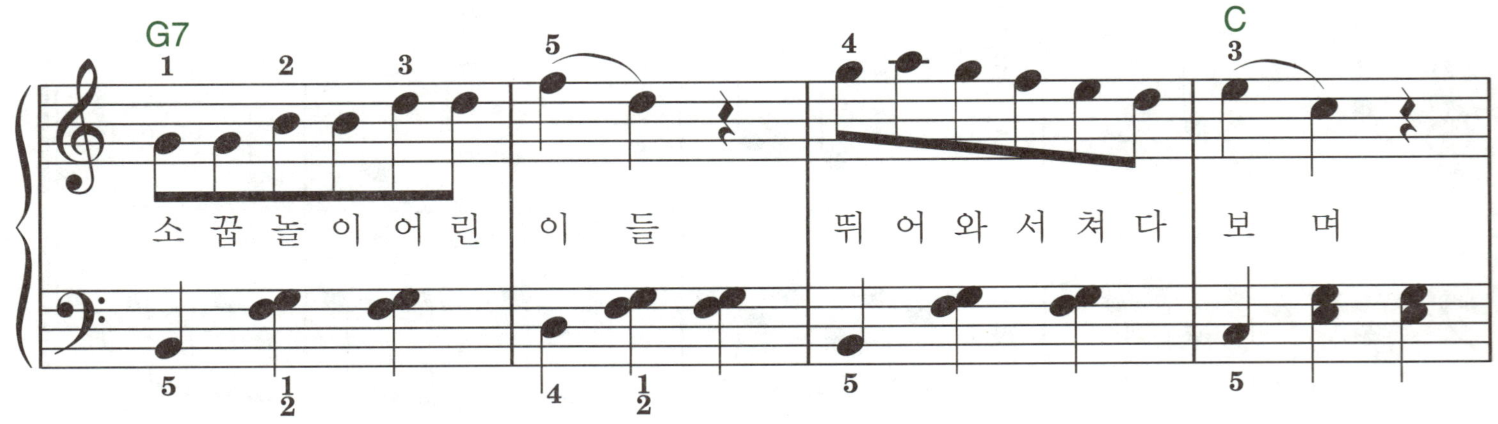

G7
C
소 꿉 놀 이 어 린   이 들   뛰 어 와 서 쳐 다   보 며

싱 글 벙 글 웃 는 얼 굴 병 정 들 도 싱 글 벙 글

빨 래 터 의 아 낙 네 도 우 물 가 의 처 녀 도 라 쿠 카

라 차 라 쿠 카 라 차 아 름 다 운 그 얼 굴 라 쿠 카

라 차 라 쿠 카 라 차 희 한 하 다 그 모 습 – 라 쿠 카 굴
라 차 라 쿠 카 라 차 그 – 립 다 그 얼

모차르트 소나타 K.331

rit.
mp a tempo

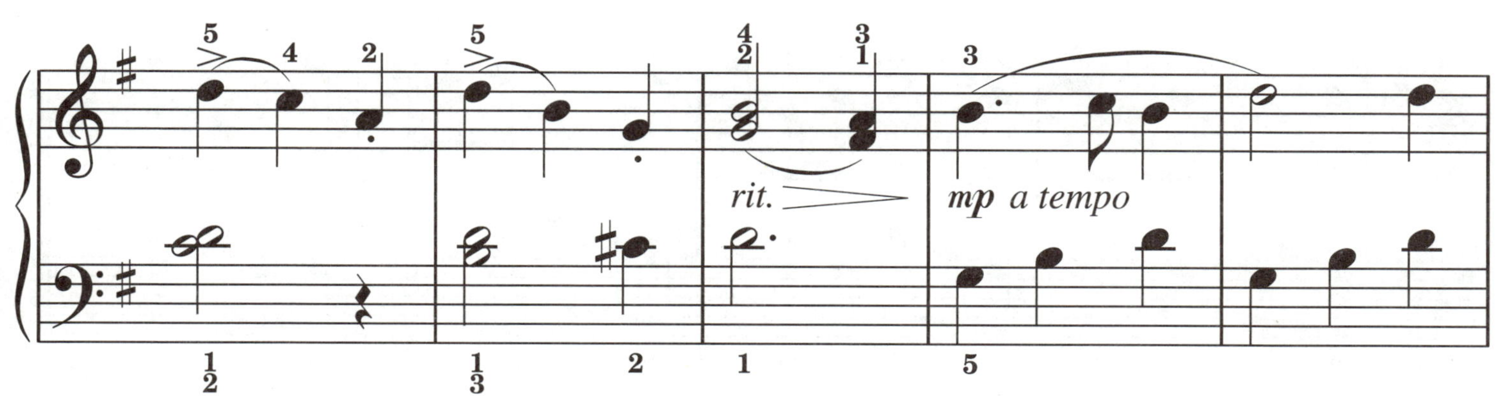

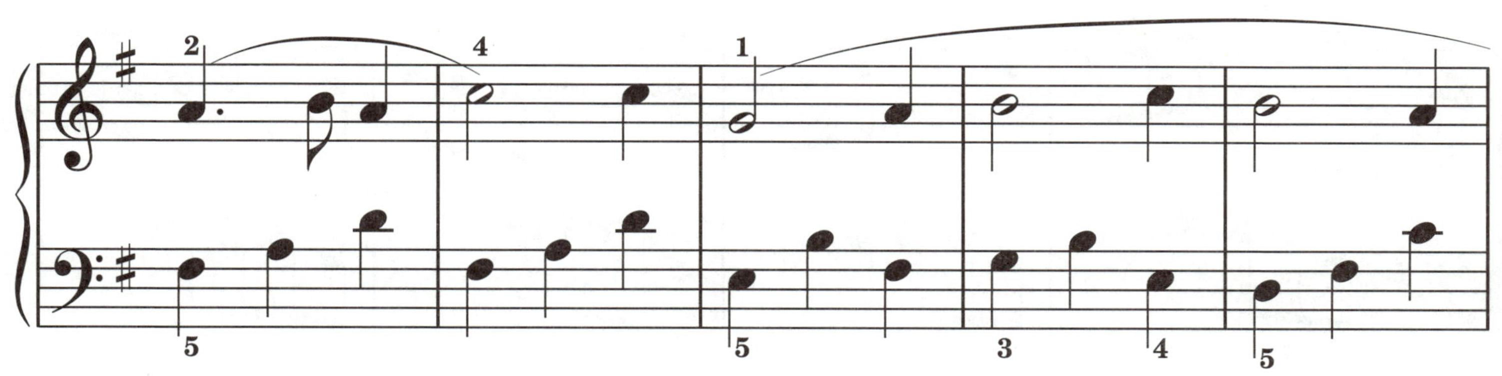

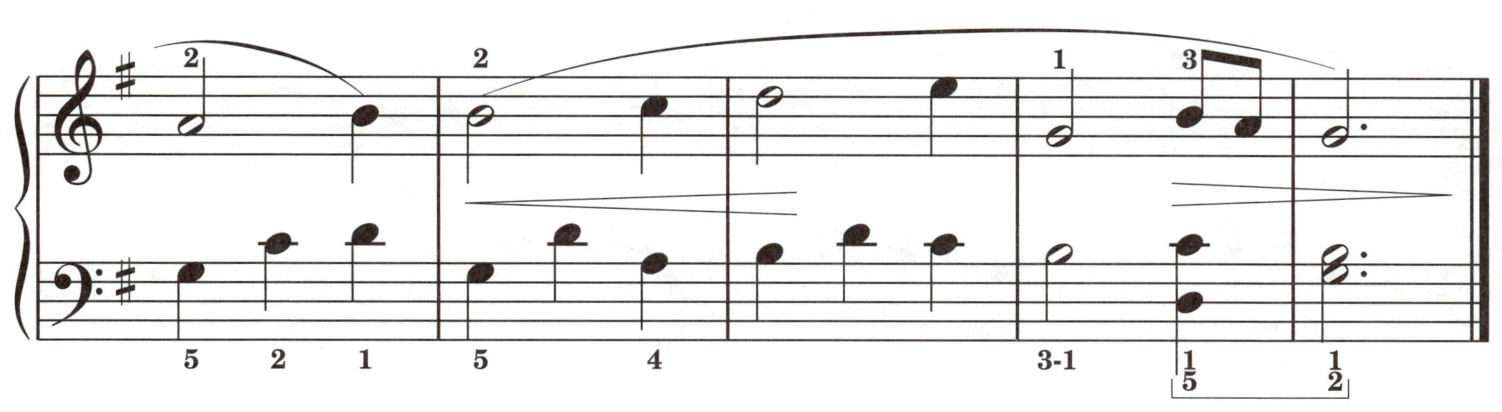

뱃노래

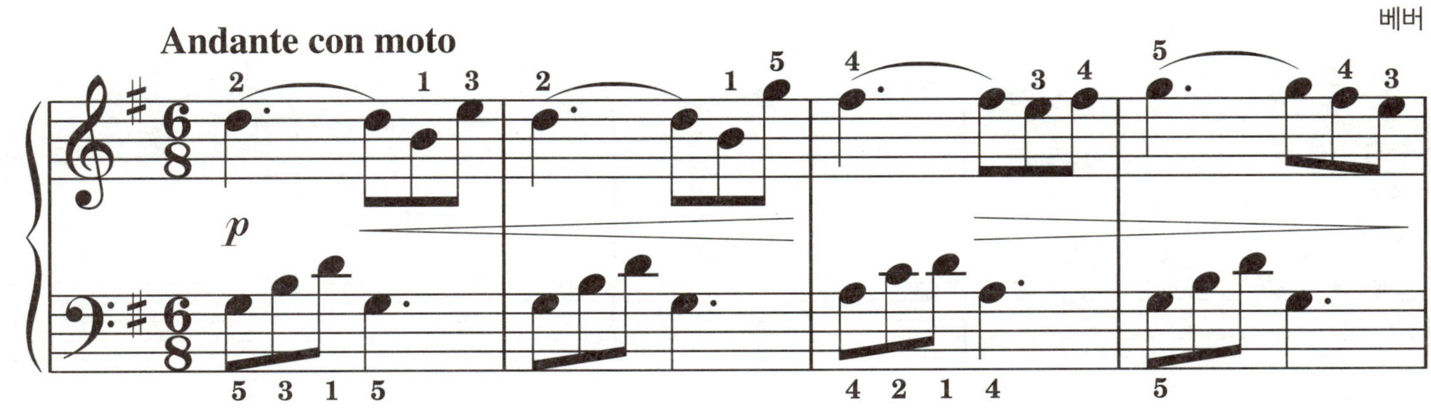

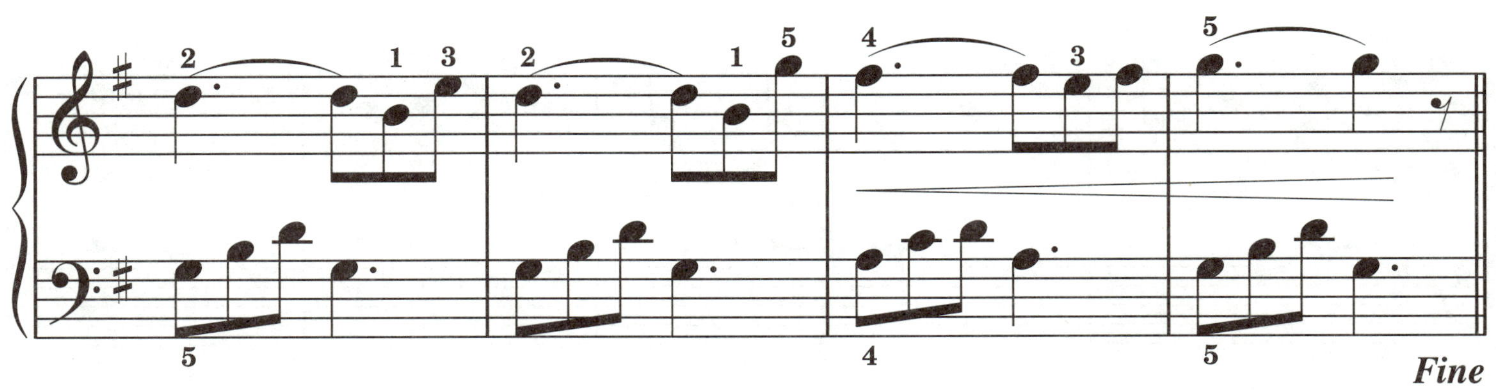

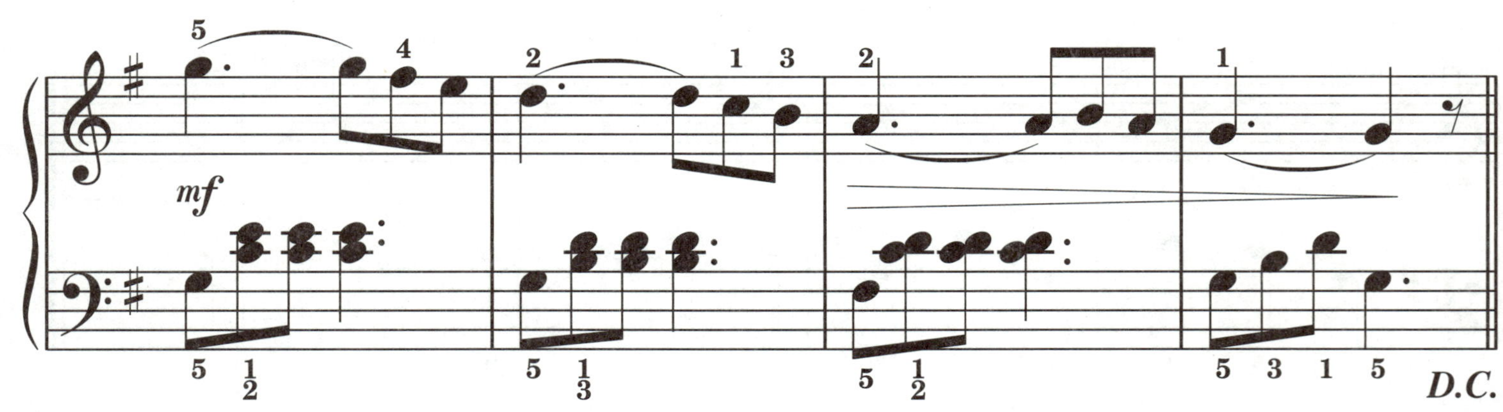

간주곡

백조

Andantino

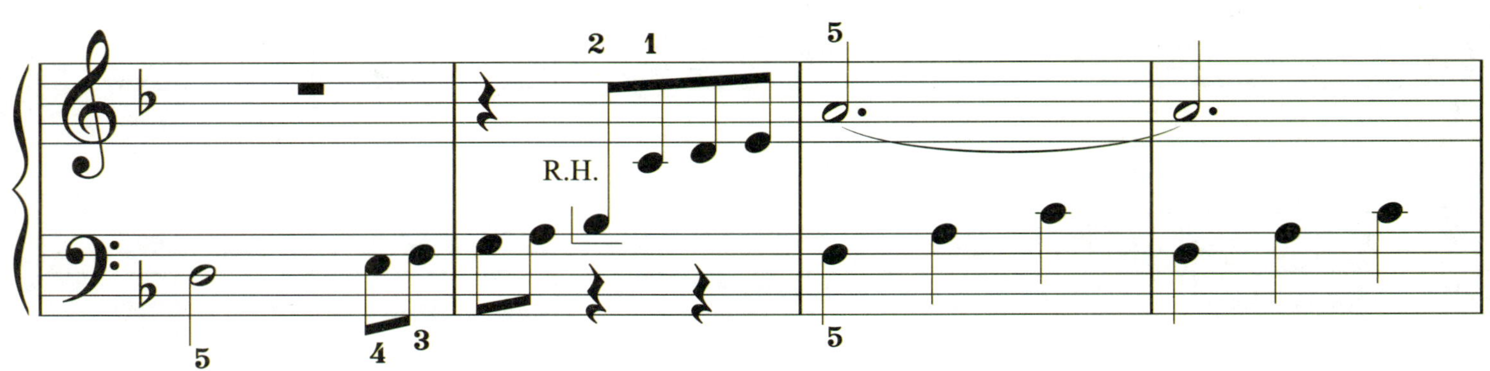

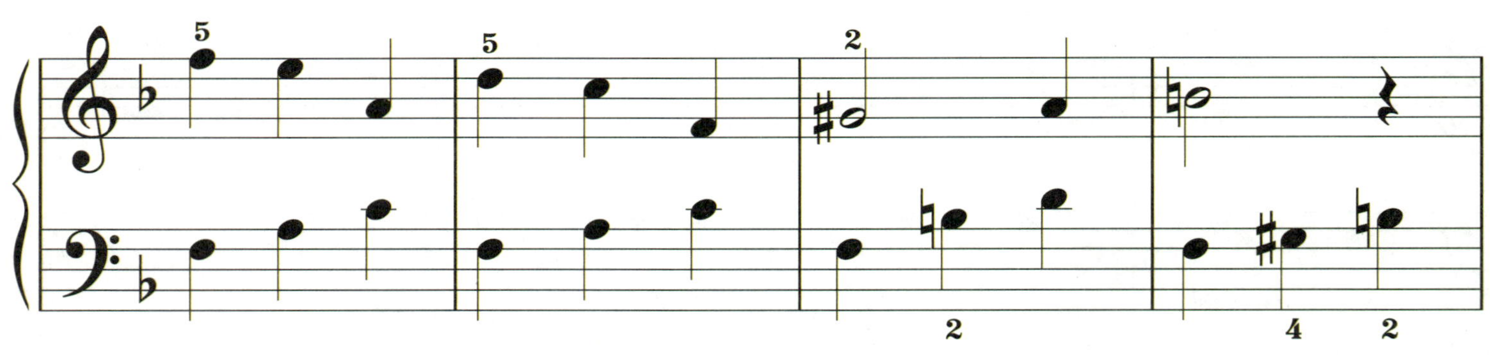

군대 행진곡

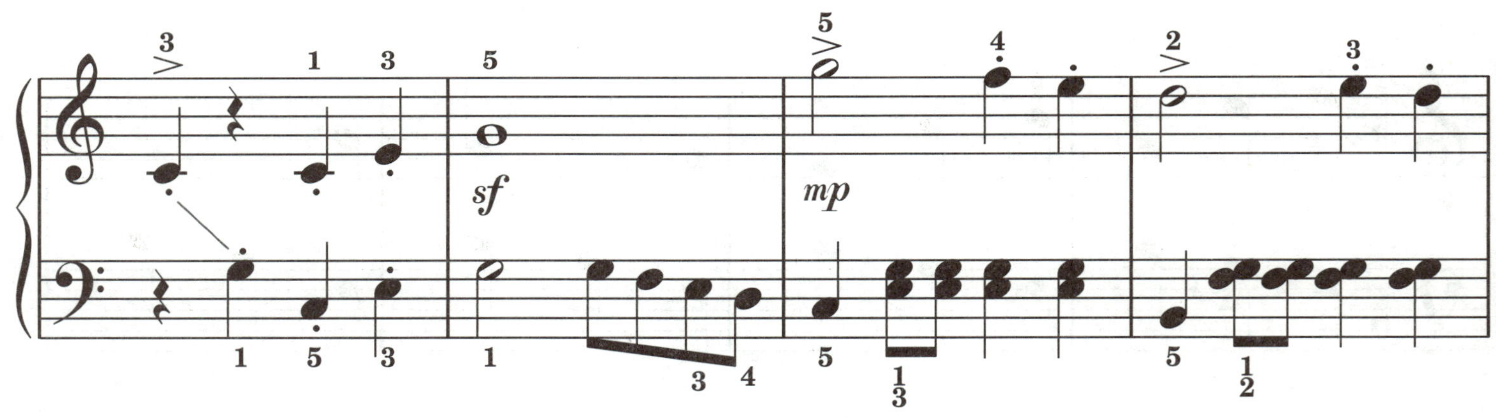

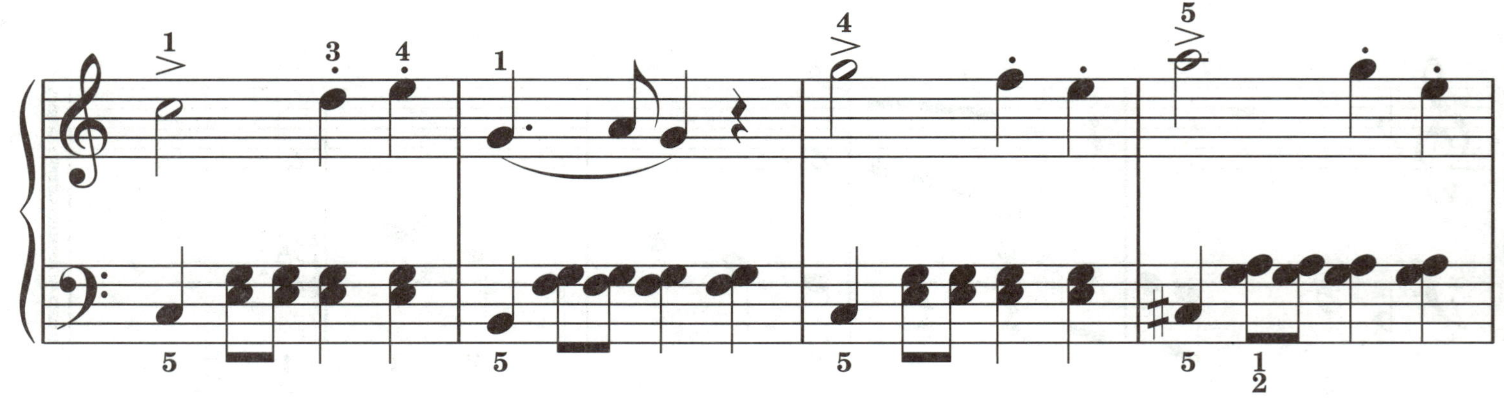

알로하 오에

Allegro
하와이 민요
mp 검은 구 름 하 늘 가리 고 — 이
legato
별 의 날 은 왔 도 다 — 다 시
만 날 날 기 대 하 고 — 서 로
약 속 하 며 떠 나 네 — mf 알

C
로 하 오에 알
G
로 하 오에 꽃
D
피 는시 절 다 시 돌 아 오
G
리 알
C
로 하 오에 알
G
로 하 오에 다
D
시 만 날 때 까 지
D7
G
D7
G

할아버지의 시계

Allegretto
워크
mp
simile stacc.
고 커 다 란 마 루 위 의 시 계 는 우 리
계 는 내 가 세 상 태 어 나 던 날 선 물
할 아 버 지 시 – 계
로 받 은 시 계 란 다
길
이시

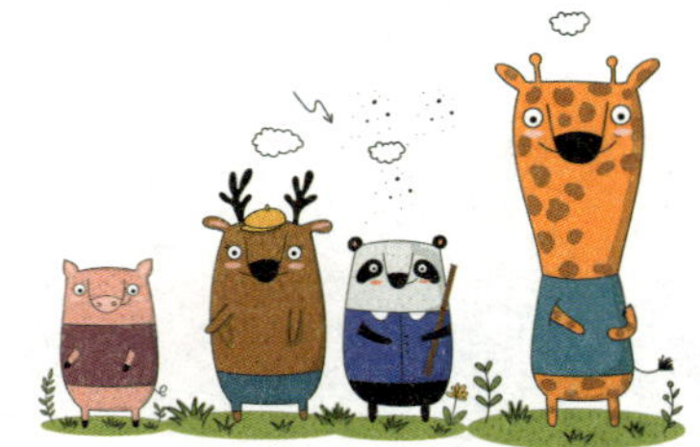

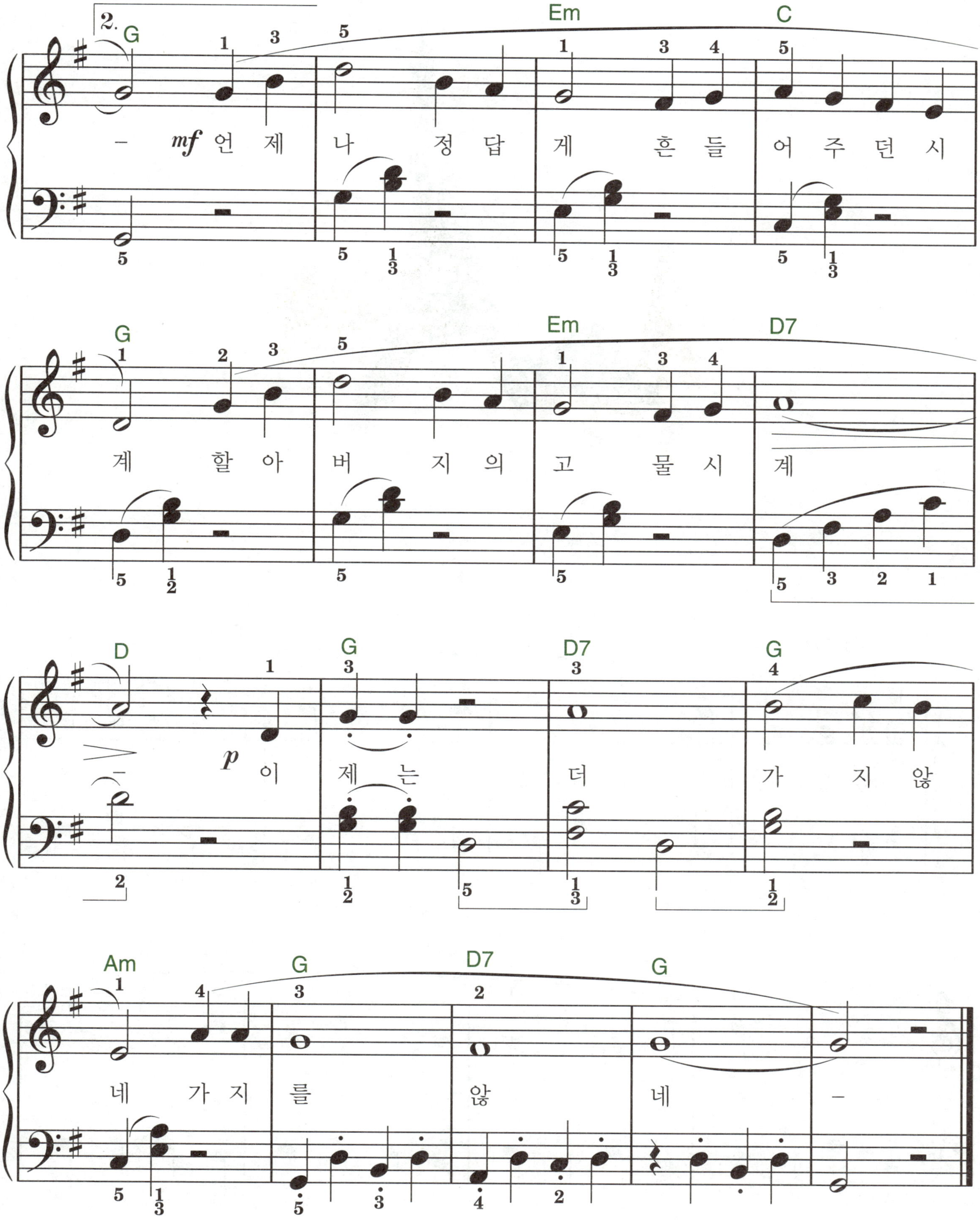
2.
G Em C
mf 언 제 나 정 답 게 흔 들 어 주 던 시
G Em D7
계 할 아 버 지 의 고 물 시 계
D G D7 G
p 이 제 는 더 가 지 않
Am G D7 G
네 가 지 를 않 네

도미니크

바닷 가에물새 소 리 가 들 - 려오
고 푸 른 물 결 춤 추 네 -
Fine
숲 속 에 는북소 리 피리 소리들리 고 도 미
니 크니 크 니 크 아름 다운꿈나 라 -

"사계" 중 가을

비발디

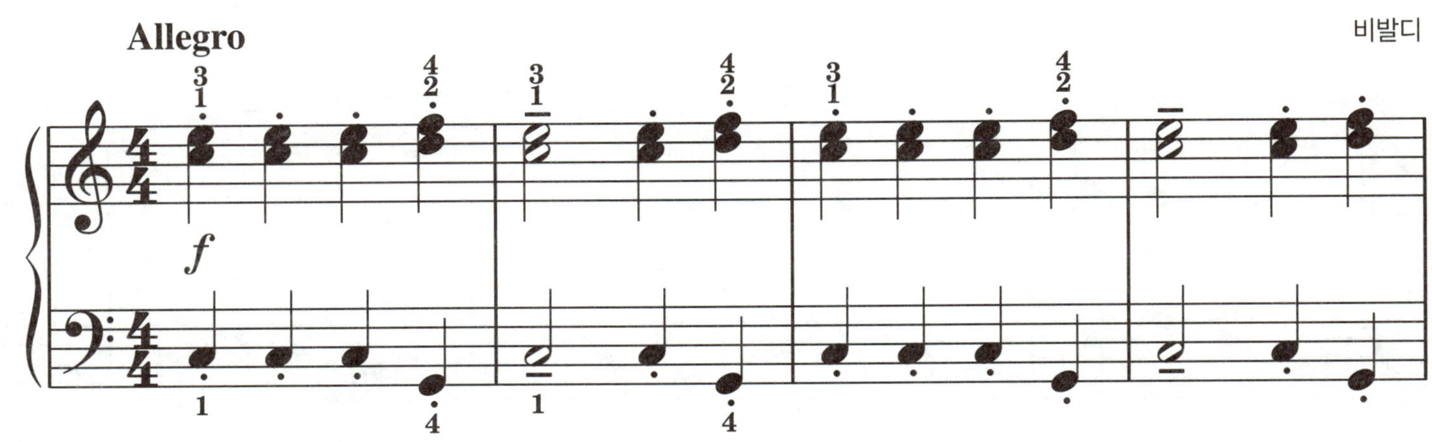

산타 루치아

이탈리아 민요

Moderato
C G7 C
창 공 에 빛난별 물 위 에 어리어
아 름 에다 운동산 행 복 의 나폴리
A Dm G7 C
바 람 은 고 요 히 불 어 오 누 나
산 천 과 초 목 들 기 다 리 누 나
C Dm G7 C
내 배 는 살 같 이 바 다 를 지 난 다

C
G7
C
산 - 타 - 루 - 치 - 아 산 타 루 치 아

C
Dm
G7
C
f 정 - 든 나 라 에 행 복 아 길 어 라

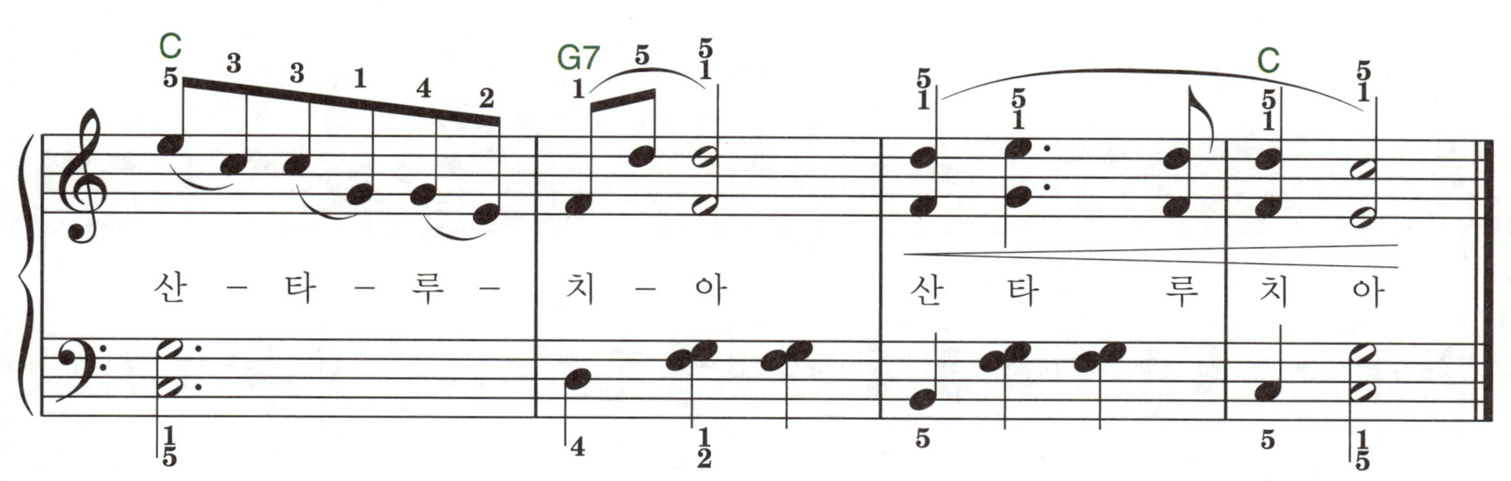

C
G7
C
산 - 타 - 루 - 치 - 아 산 타 루 치 아

윌리엄 텔 서곡

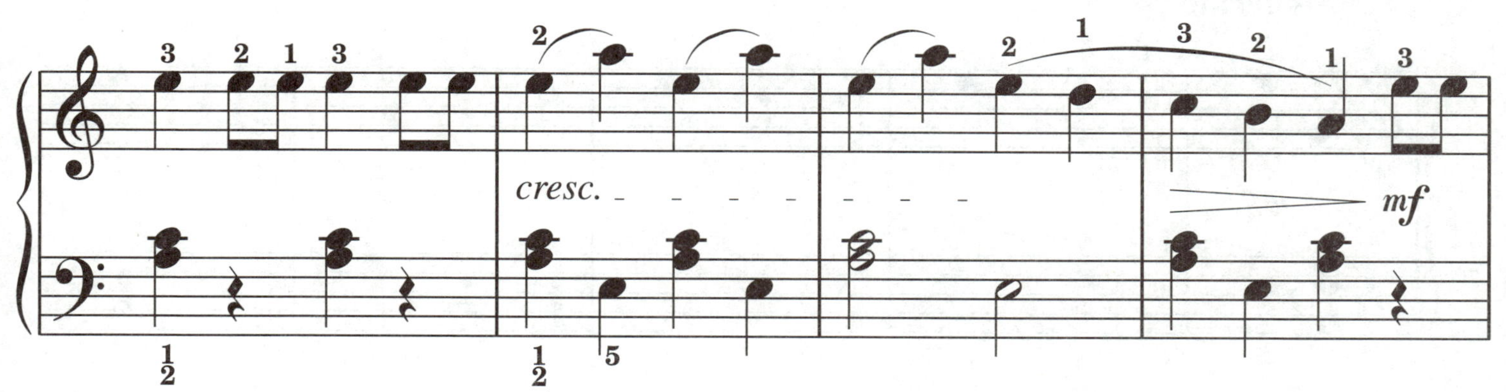

cresc.
mf

cresc.
mp

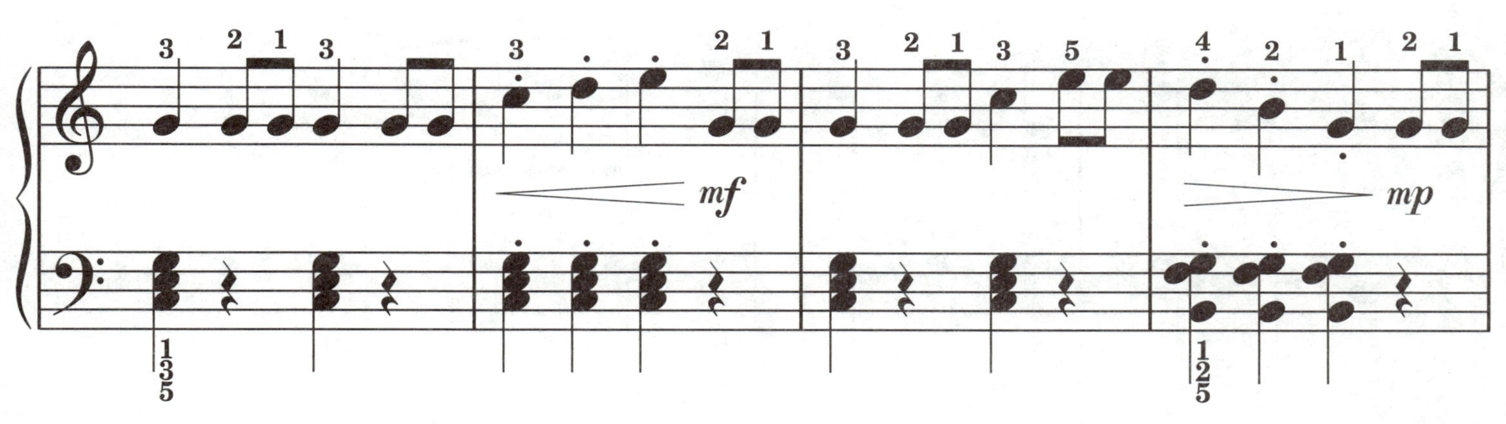

mf
mp

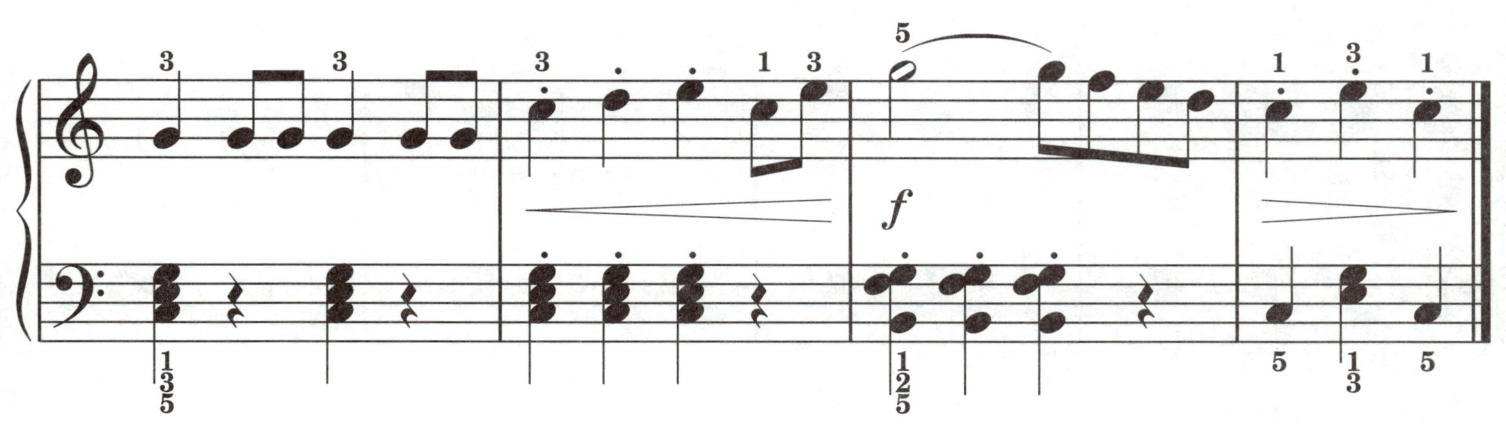

f

뻐꾹 왈츠

월계꽃

Moderato
슈베르트
F Gm7 C7 F
방긋웃는 월-계-꽃 한송이피었 네
F G7 C Dm G Am
향기로운 월-계-꽃 힘껏품에 안-고-서
simile stacc.
(계속 스타카토로)
C Dm G C C7 a tempo F
너-의-고-운- 얼 굴을 어루만져 주었-다
Bb Gm F Bb Gm F C7 F
사랑 스런 월 계-꽃

오페라 "리골레토" 중 여자의 마음

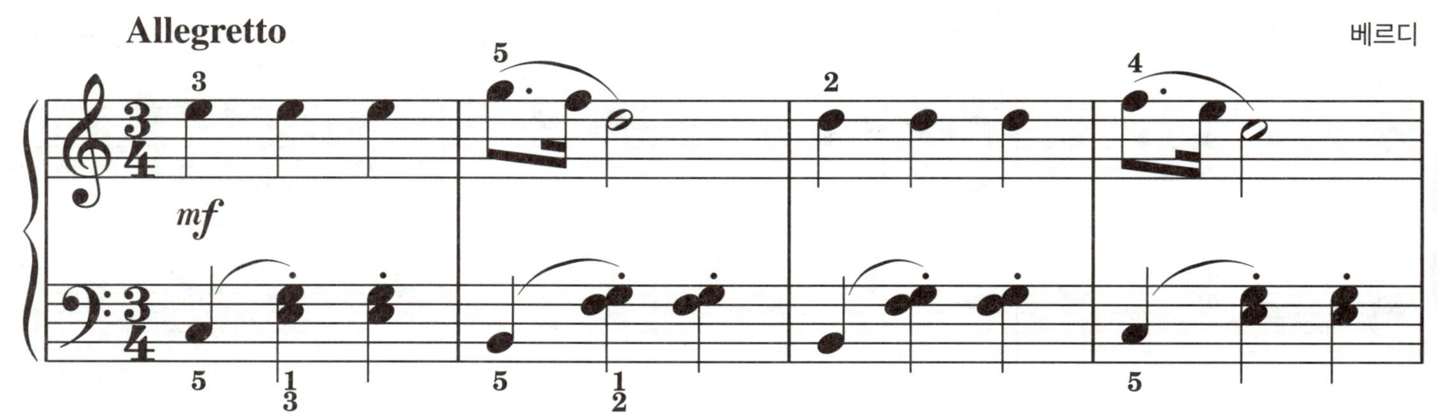

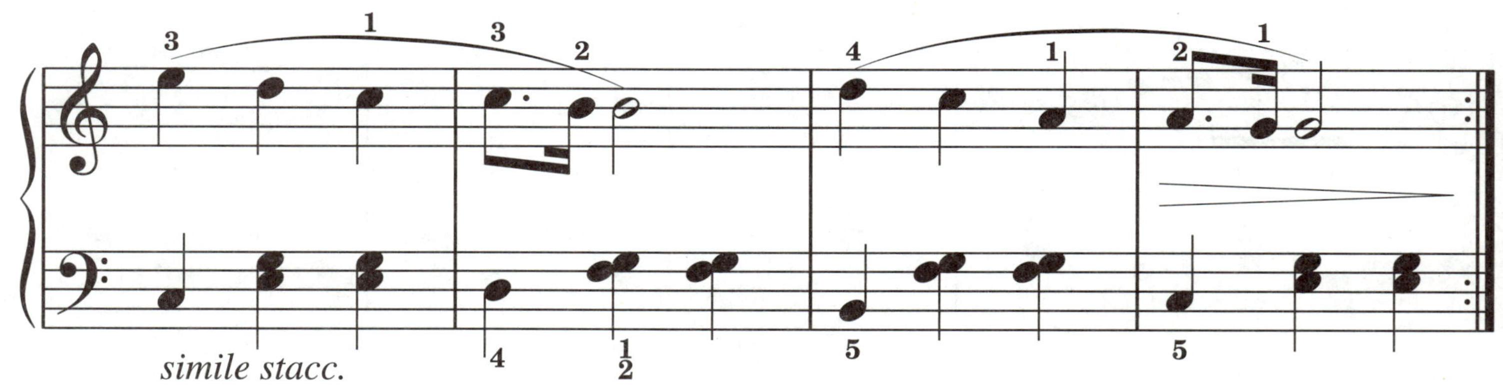

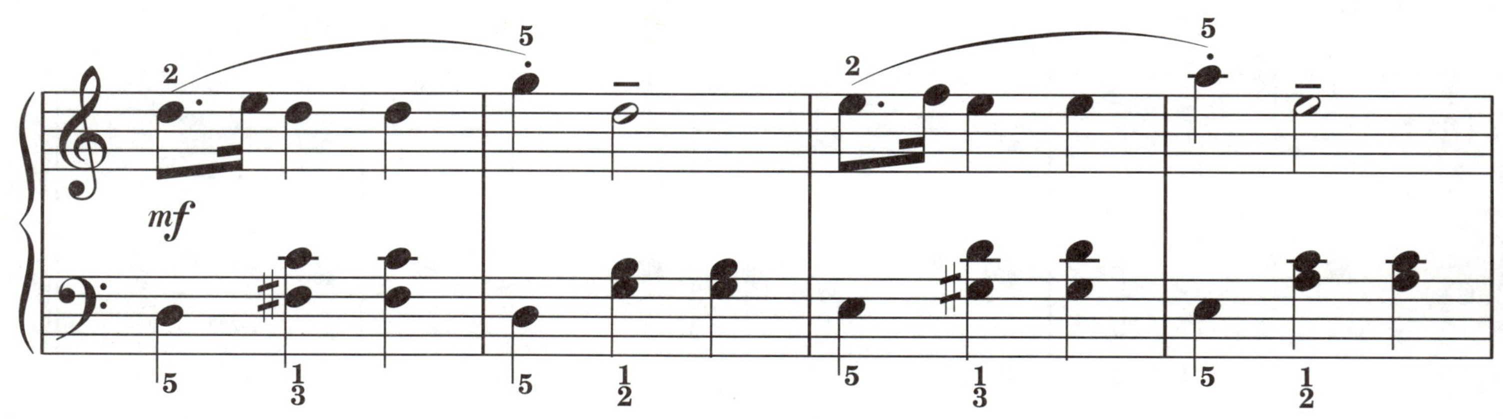

f

cresc.

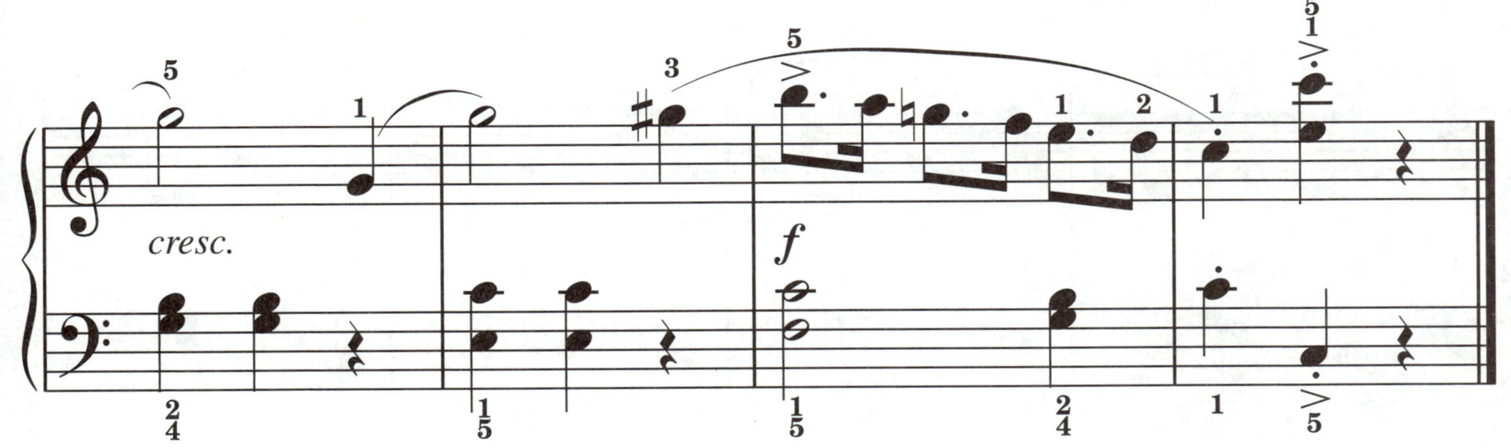
cresc.
f

자장가

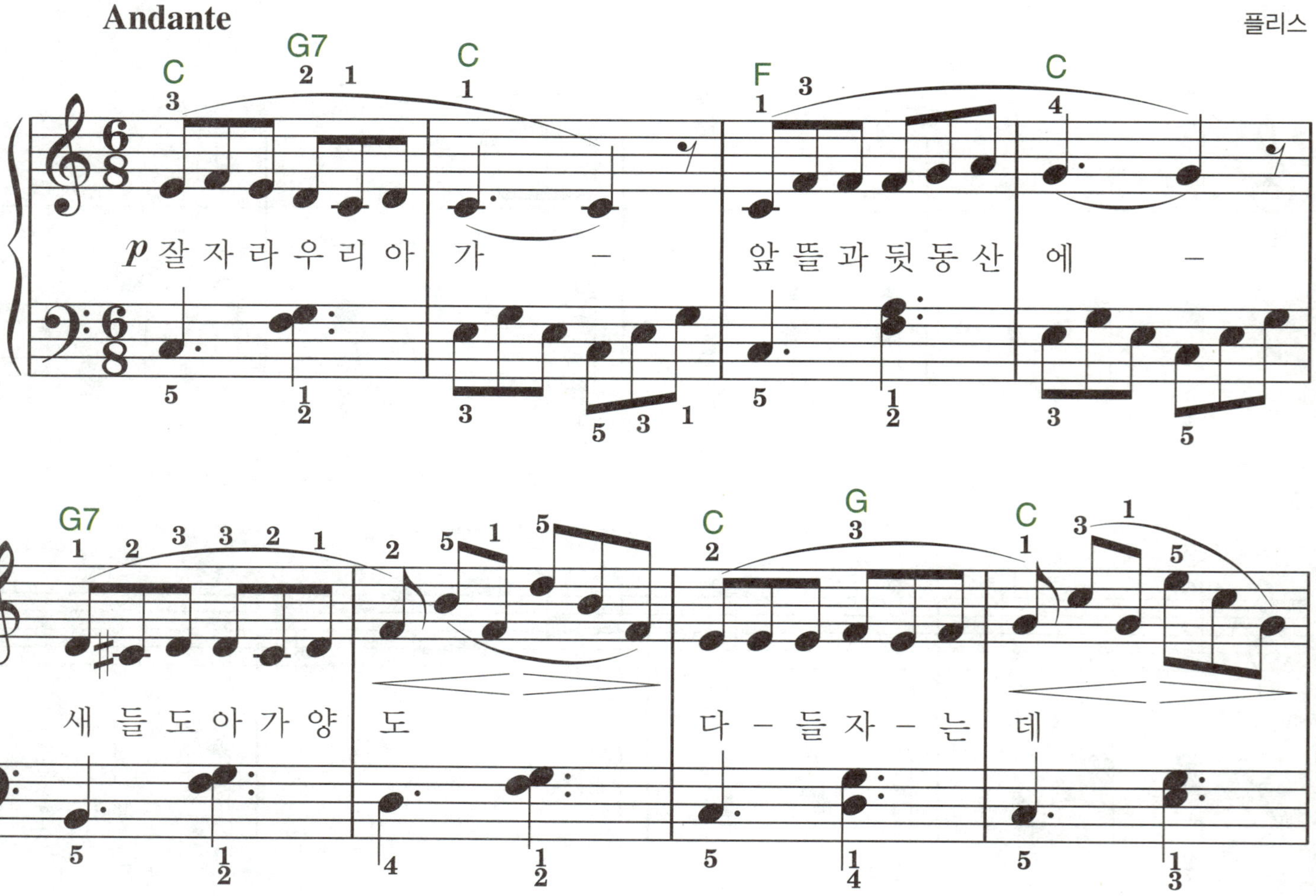

mp 달 님 은 영 창 으 로
은 구 슬 금 구 슬
을
보 내 는 이 – 한 밤 –
p 잘 자 라 우 리 아 가 – 잘 자 – – – – 거 –
라 – pp
rit.

똑딱 시계

오페라 "카르멘" 중 투우사의 노래

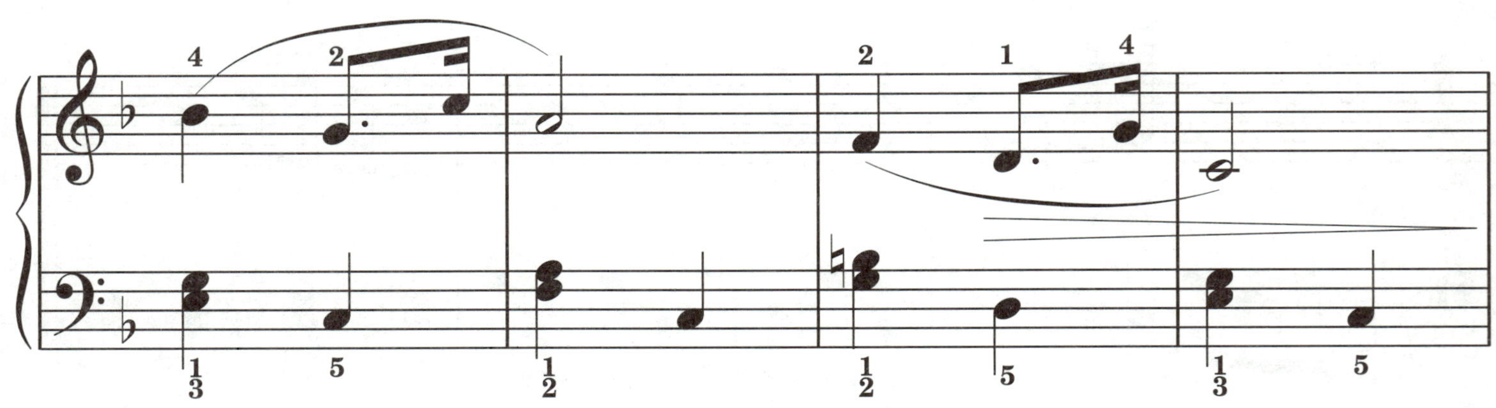

princess
of tales
A
B
C

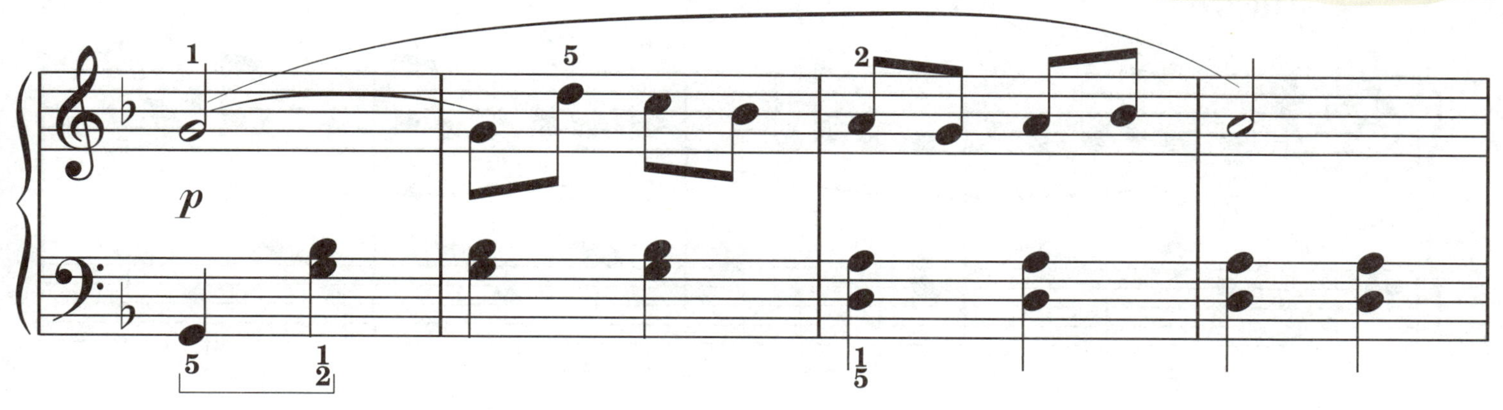

알렉산더 행진곡

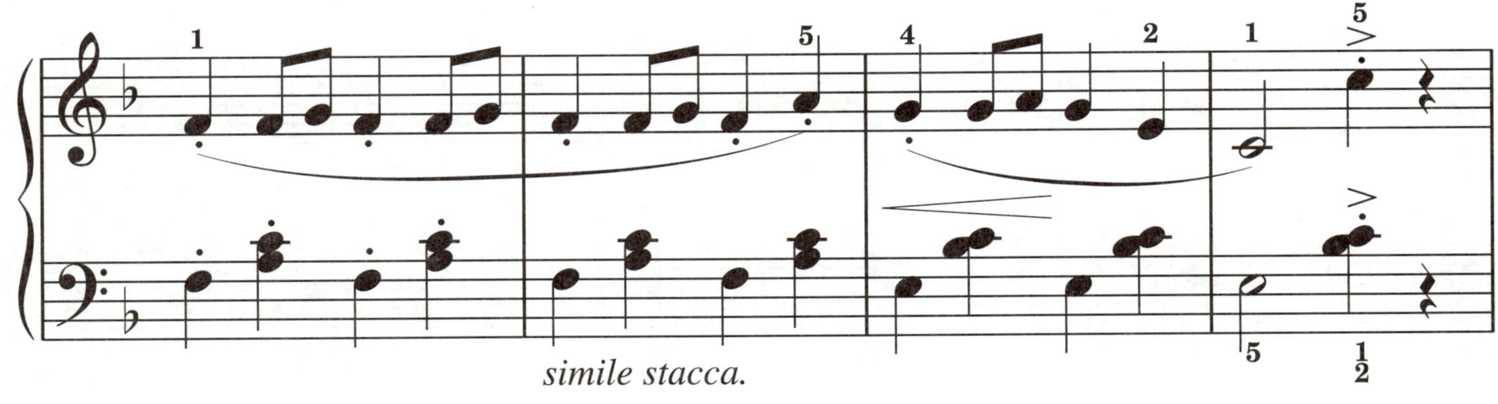

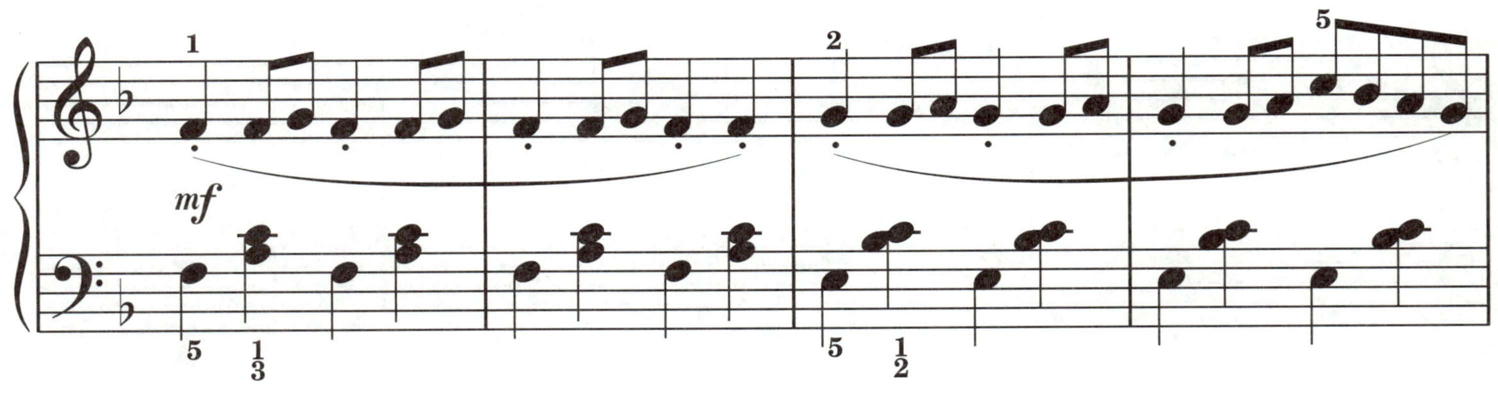

작별

Andantino
mp 오 랫 동안 사 귀 었던 정 든 내 친구 여 작
별 이란 웬 말 인가 가 야 만하 는 가 mf 어
디 간들 잊 으 리요두 터 운우 리 정 다
시 만날 그 날 위해노 래 를부 르 자

아름답고 푸른 도나우 강

cresc.
f
ff
fz
fz

바흐의 미뉴에트

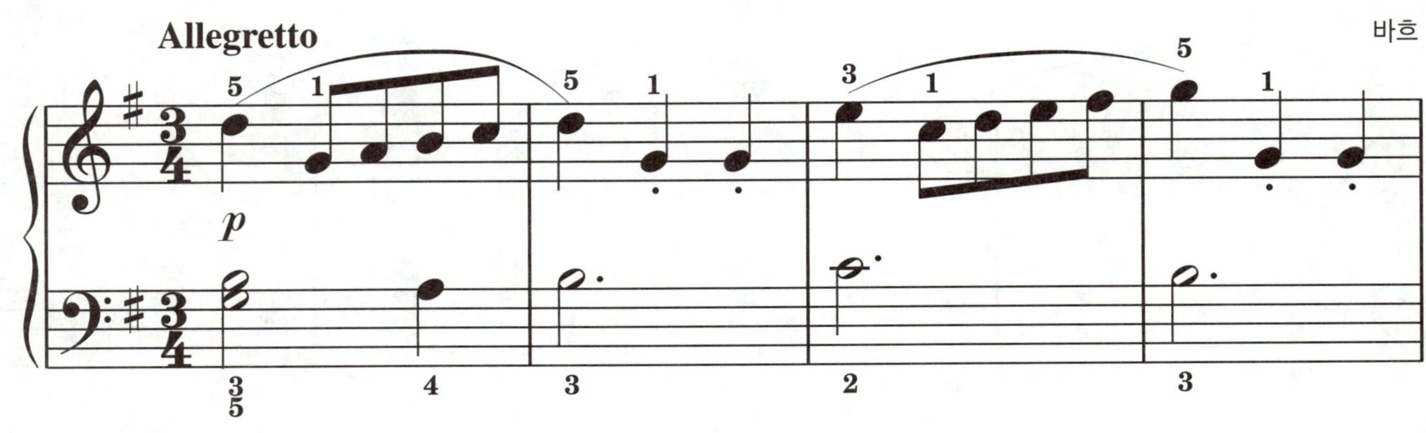

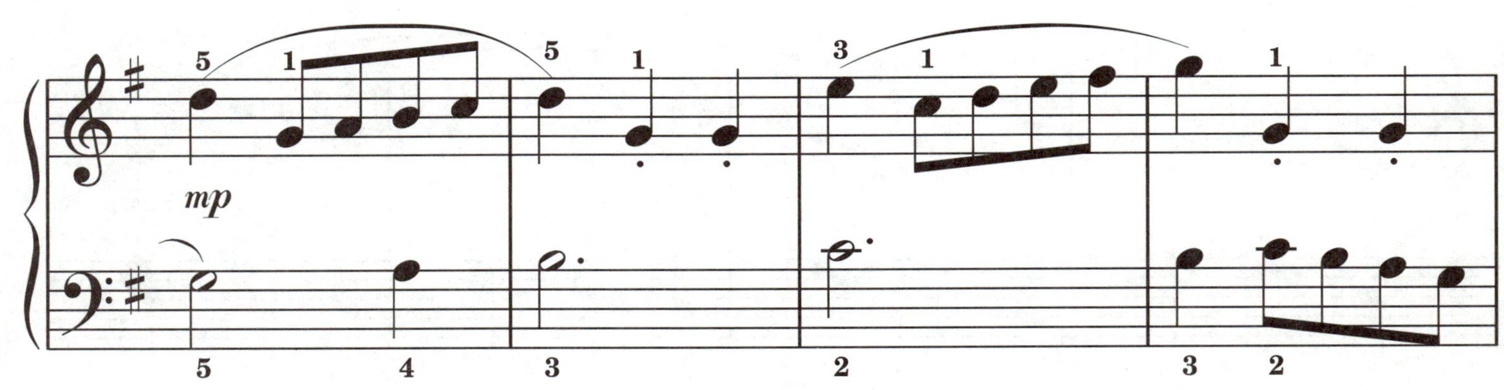

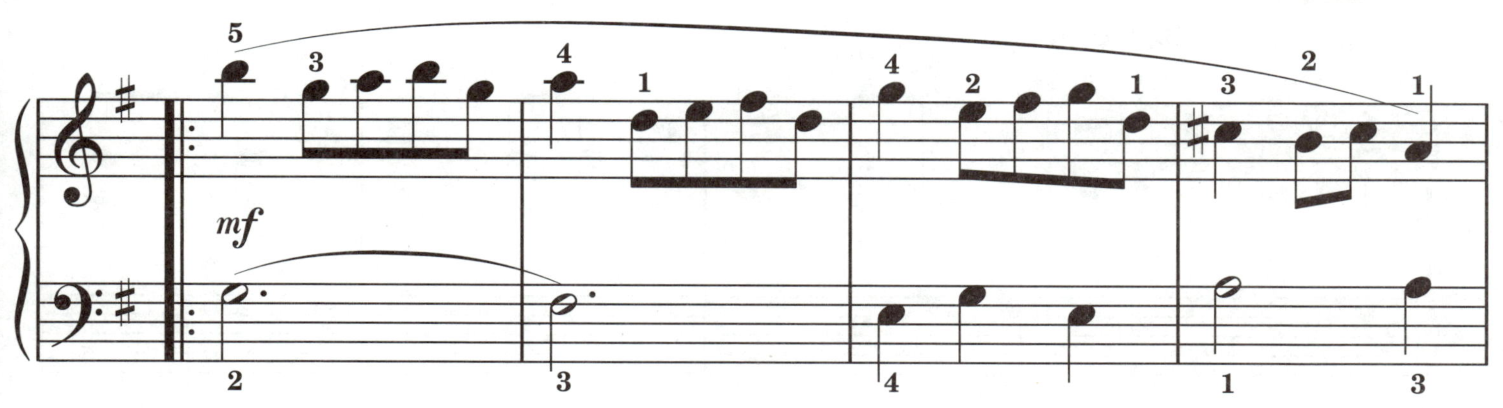
mf

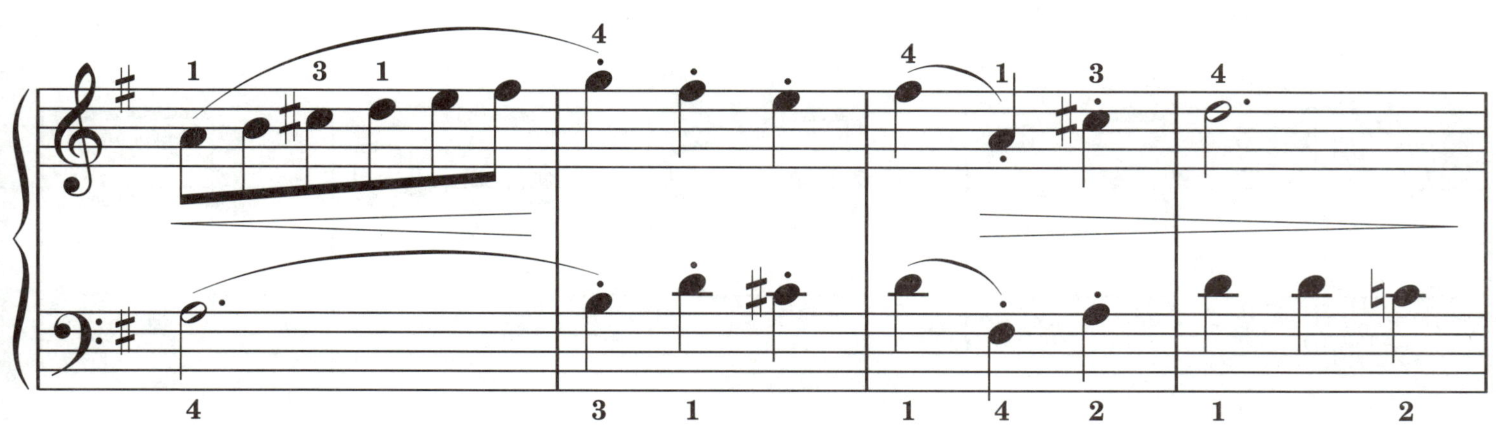

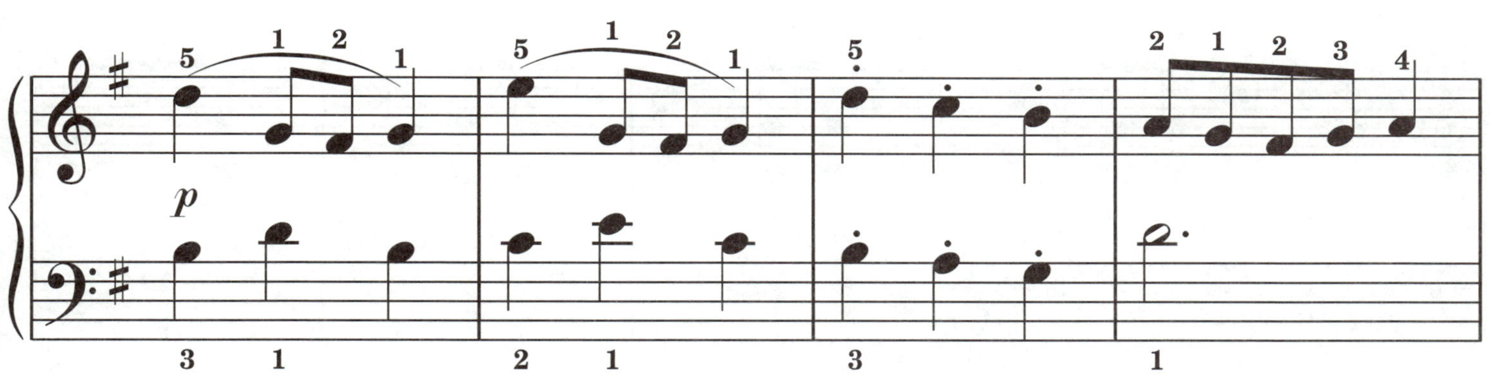
p

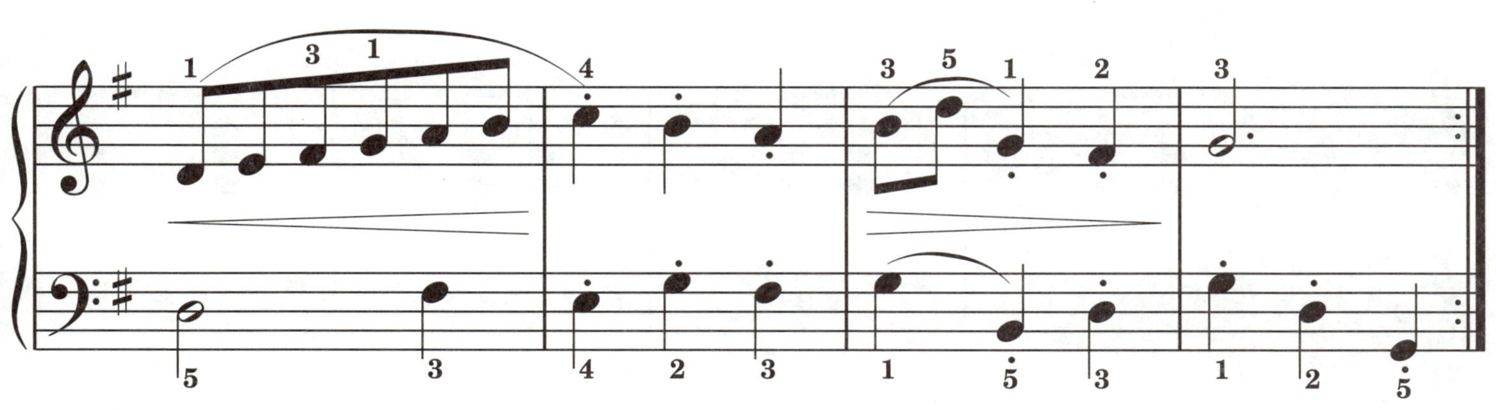

고양이 춤

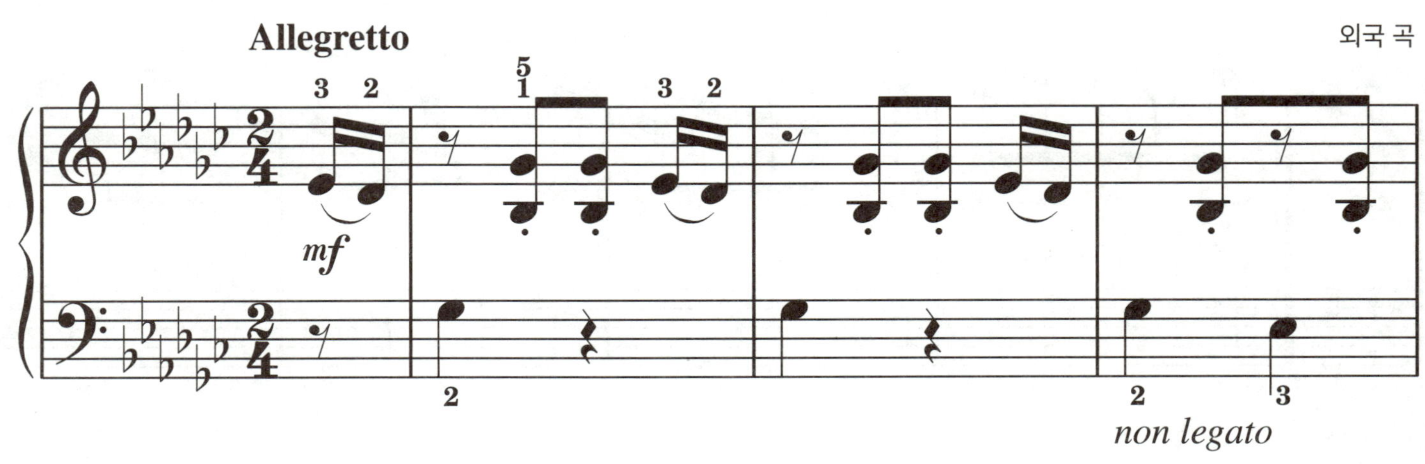

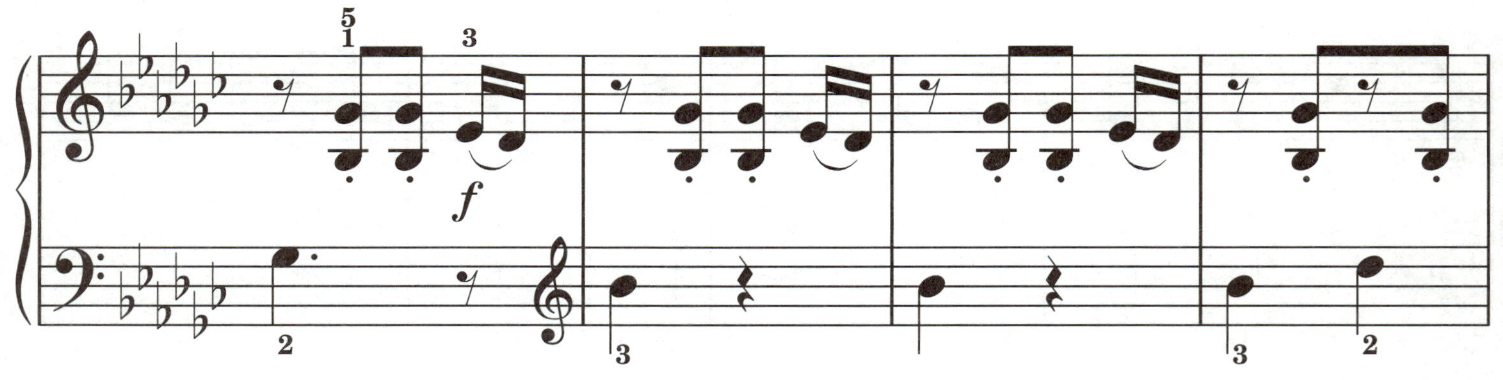

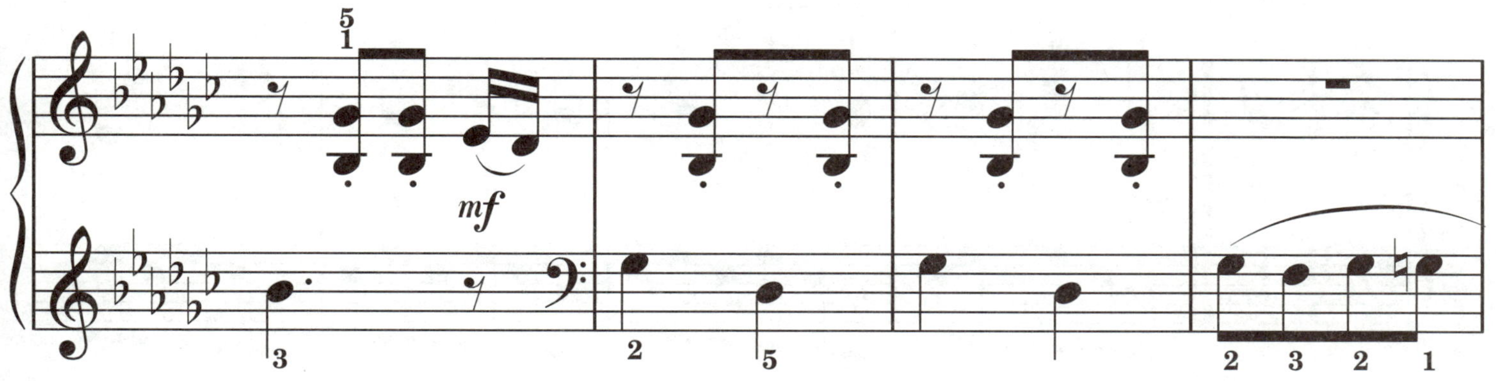

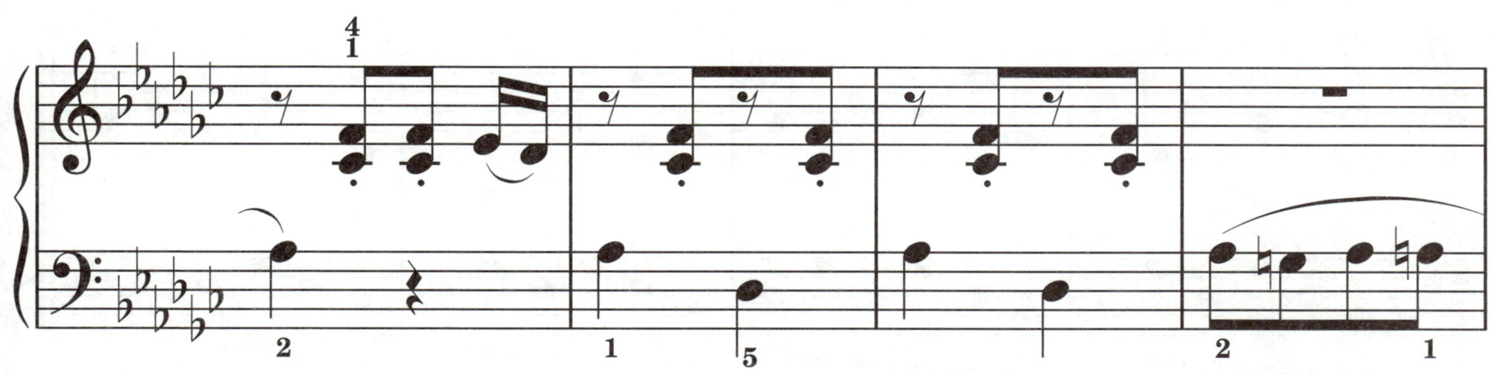

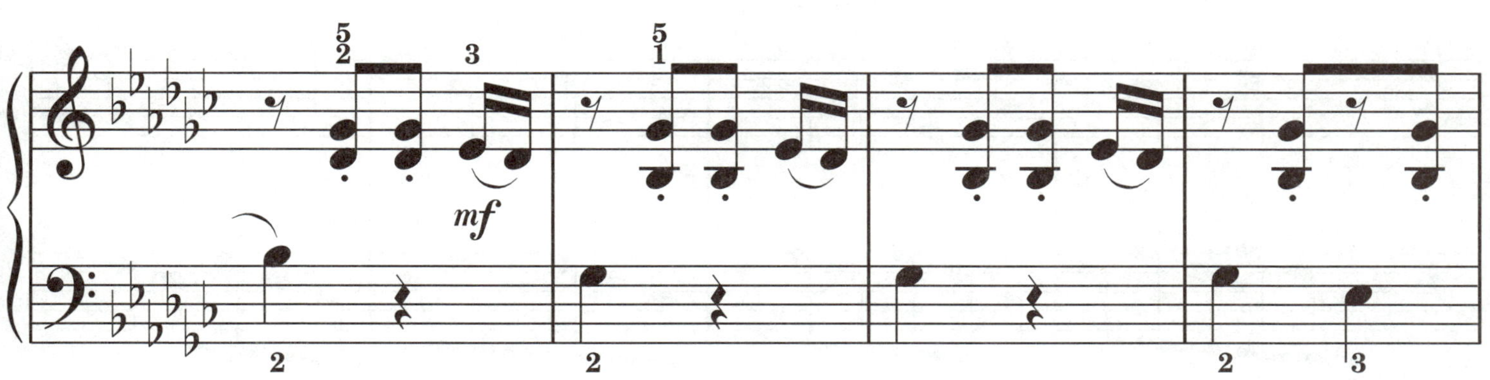

마블 홀
Andantino
발프
p
dolce
rit.
(1)

스케이터즈 왈츠

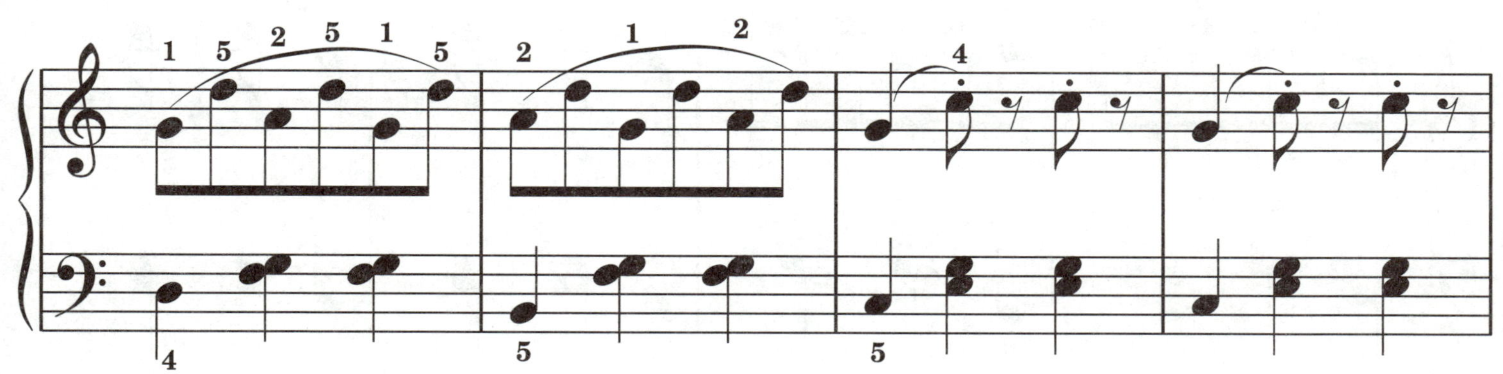
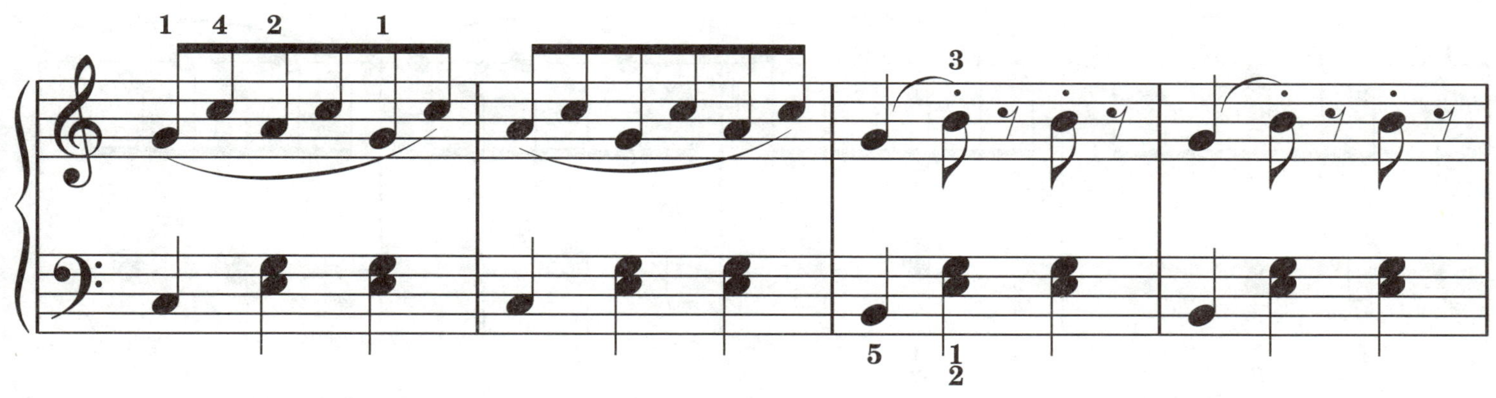
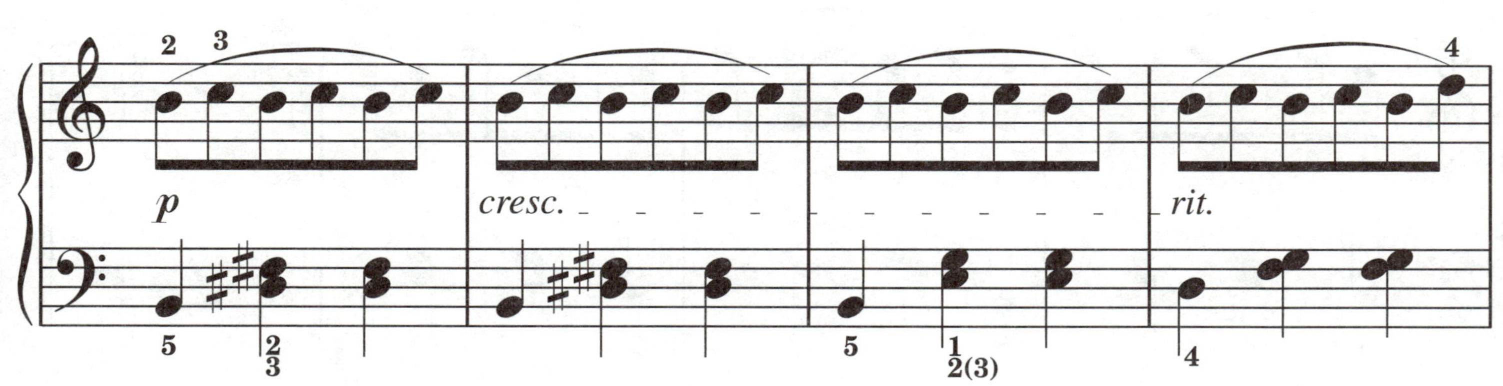

mf a tempo
p
f
D.C.

사랑의 인사

세레나데

mf
p
f
p
f
Fine
D.C.

언덕 위의 집

미국 민요
Moderato
mp
C F Fm
들소 들이 뛰 고 노루 사 슴노 는 그 곳
C D G
에 나의 집 지 어 주 mp 걱 정
simile Ped.
C F Fm
소 리 없 고 구름 한 점 없 는 그 곳
C G C
에 나의 집 지 어 주

C
G7
C
언 덕 위 의 집
노 루
legato
C
D7
G
사 슴 이 뛰 어 놀 고
mp 걱 정
C
F
Fm
C
소 리 없 고 구 름 한 점 없 는 그 곳 에 나 의
G
C
Fm
C
집 지 어 주
rit.

시간의 춤

폰키엘리

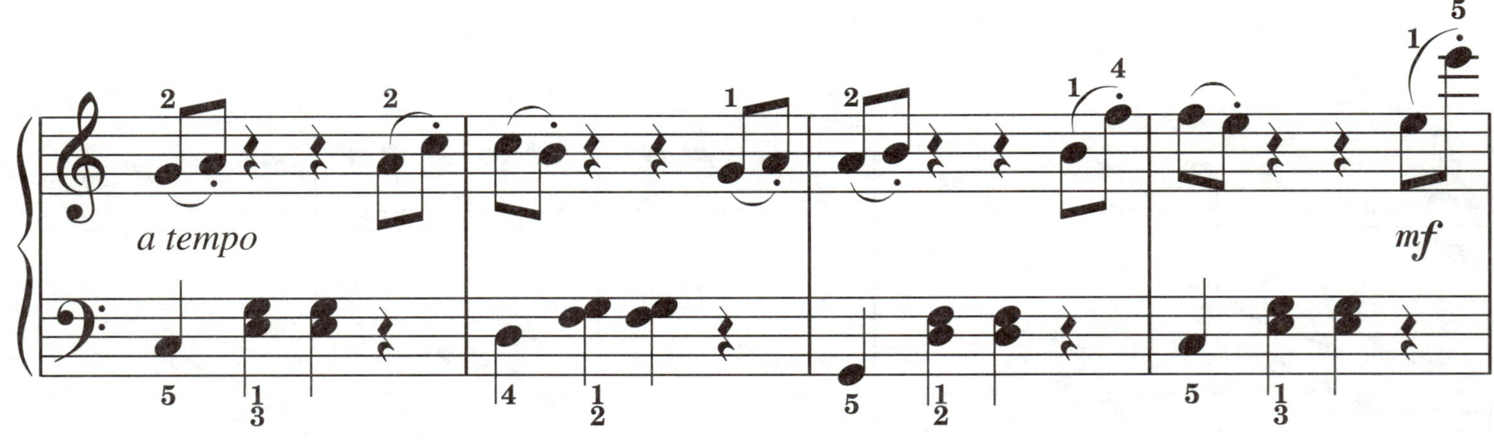

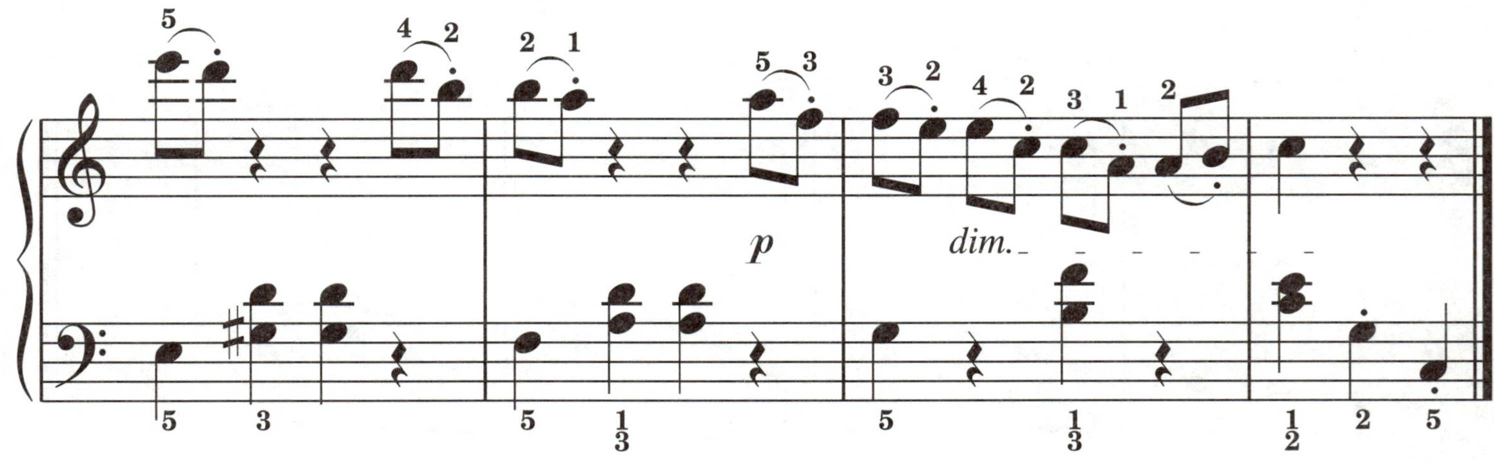

하이든의 세레나데

사랑의 기쁨

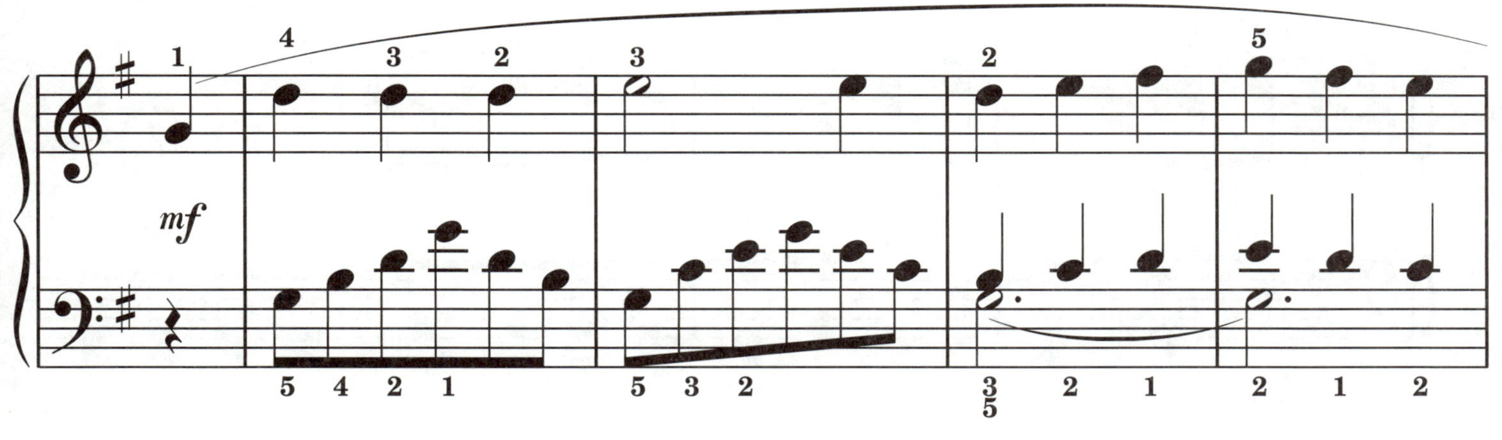
mf

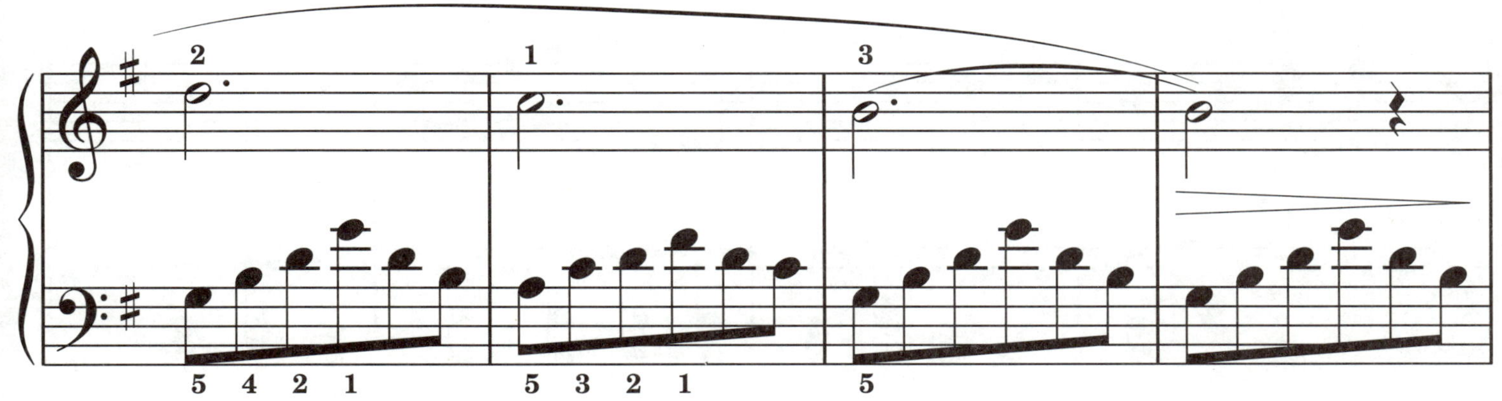

cresc.

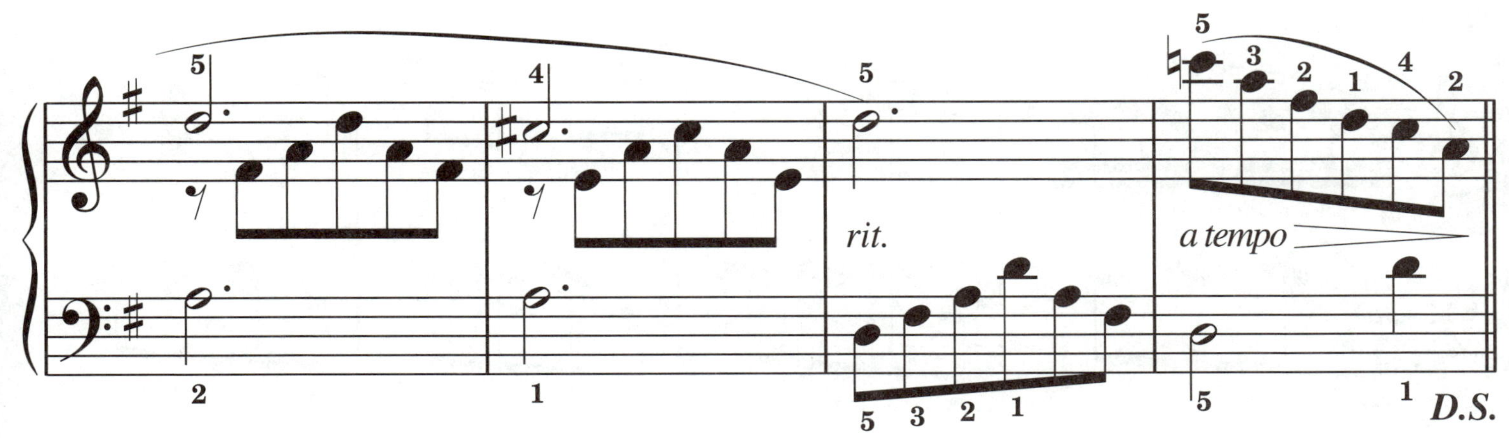
rit.
a tempo
D.S.

뻐꾹새의 노래

f
p
f
cresc.
dim.
D.C.

# 엘리제를 위하여

mf
dim.
rit.
pp a tempo
1.
2.

헝가리 무곡 제 5번

f marcato
p
rit.
f a tempo
D.C.

장난감 교향곡

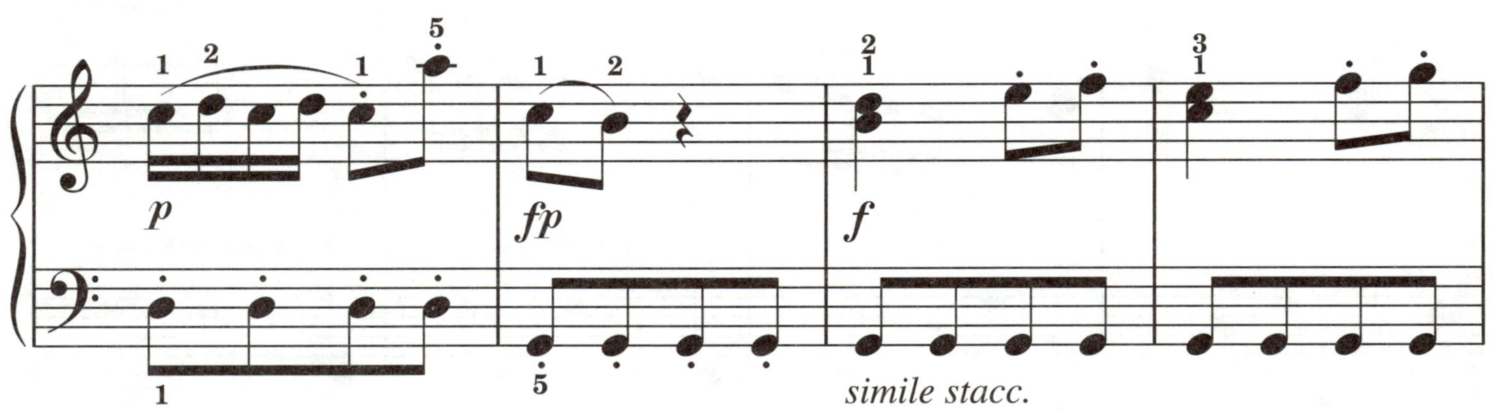

p
fp
f
simile stacc.

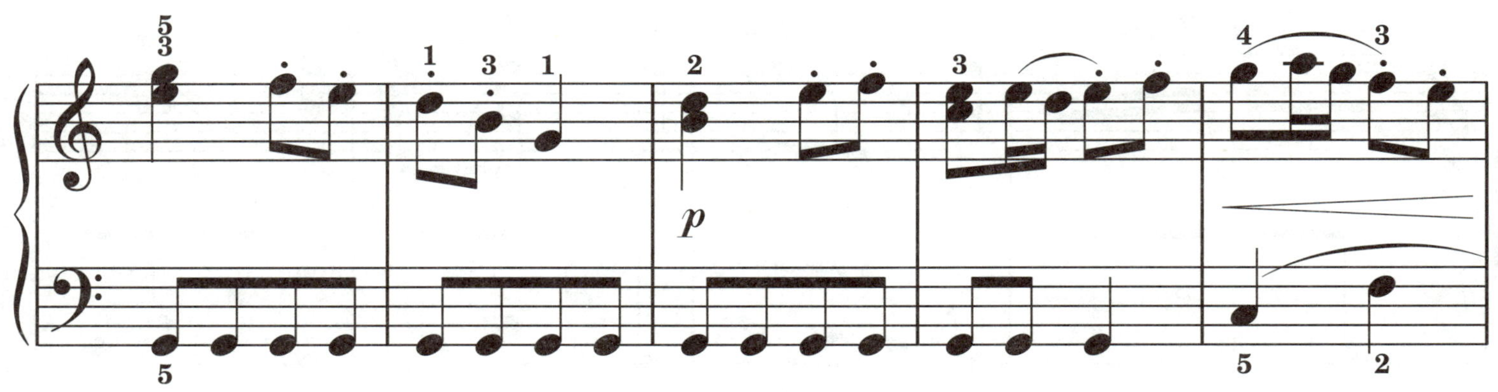

p

p
f
non legato

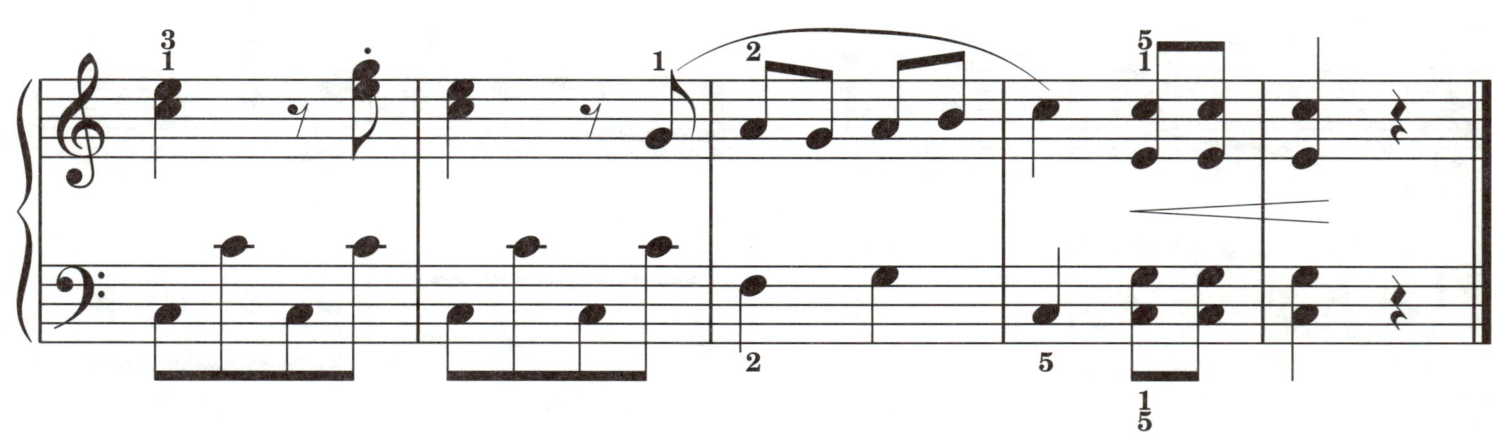

사랑의 꿈

mp
poco a poco cresc.
rit.
mf
a tempo

은파

크시코스의 우편마차

Allegro con brio

로망스

모차르트

유모레스크

rit. e dim.
pp a tempo
rit.
127

미완성 교향곡

Moderato

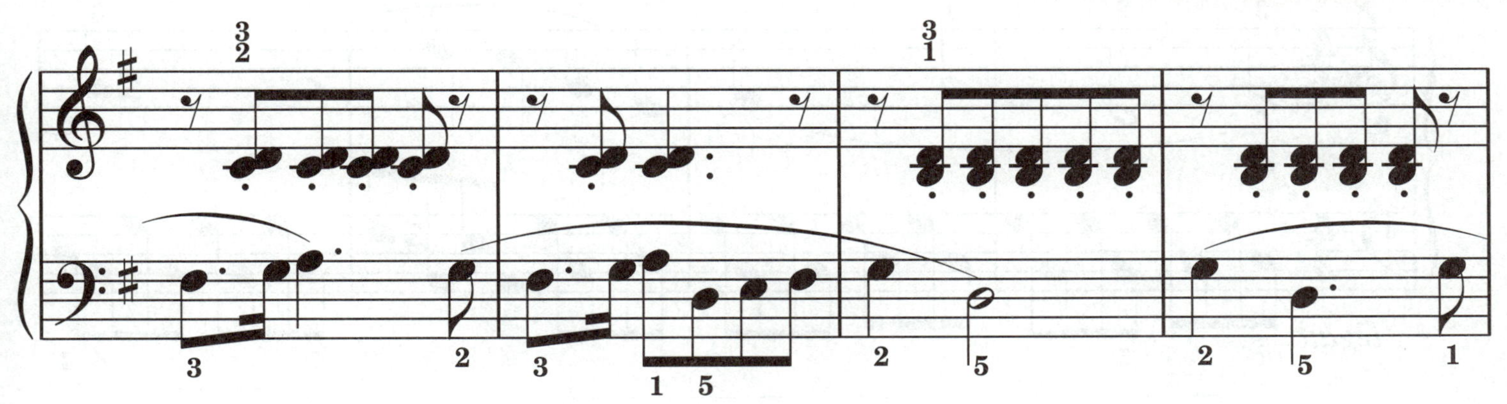

cresc.
p

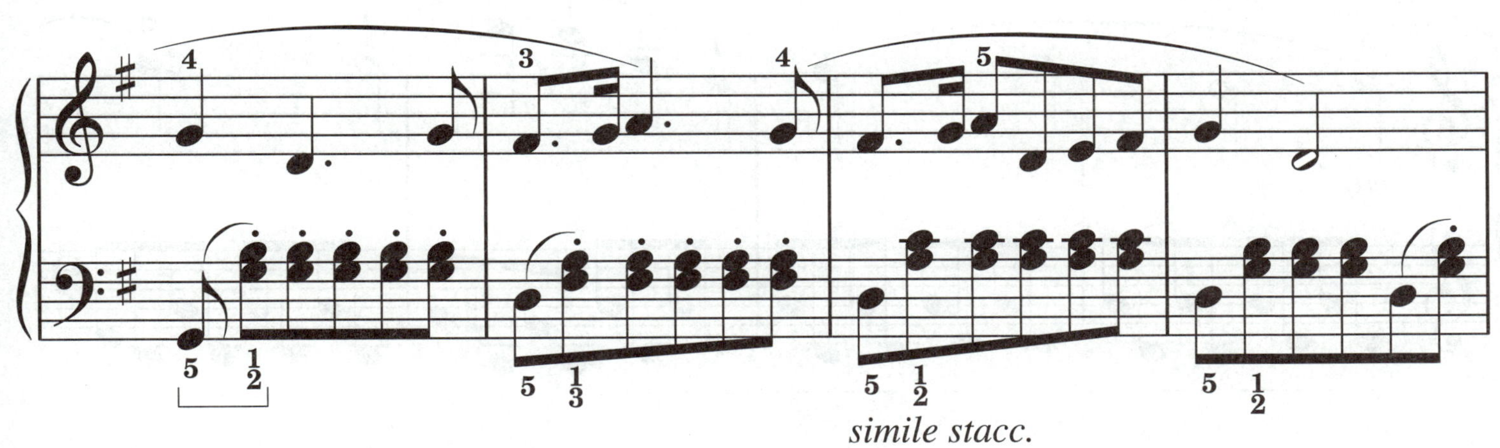
simile stacc.

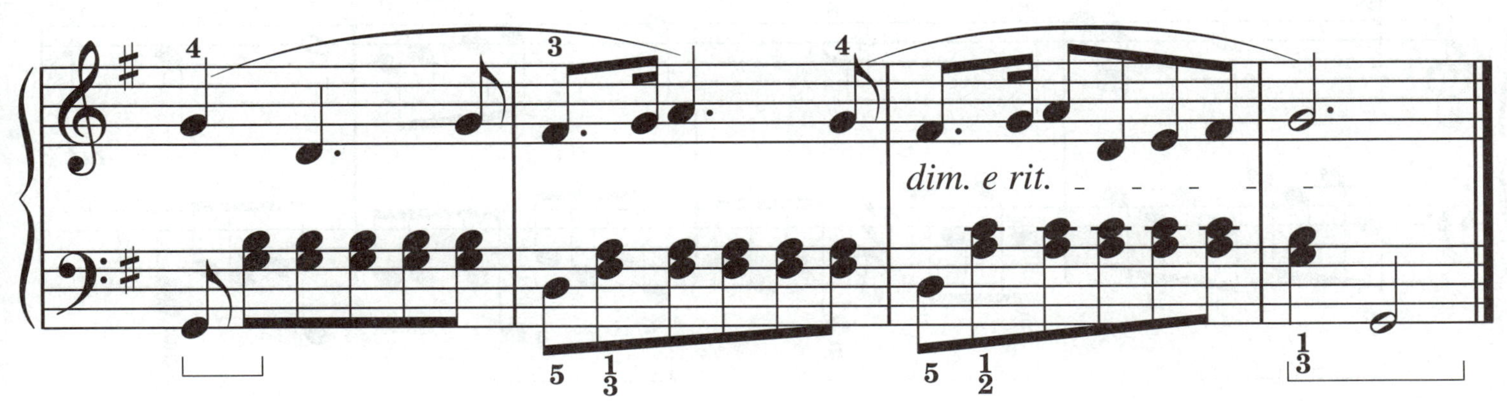
dim. e rit.

비창 소나타

축혼 행진곡

성자의 행진

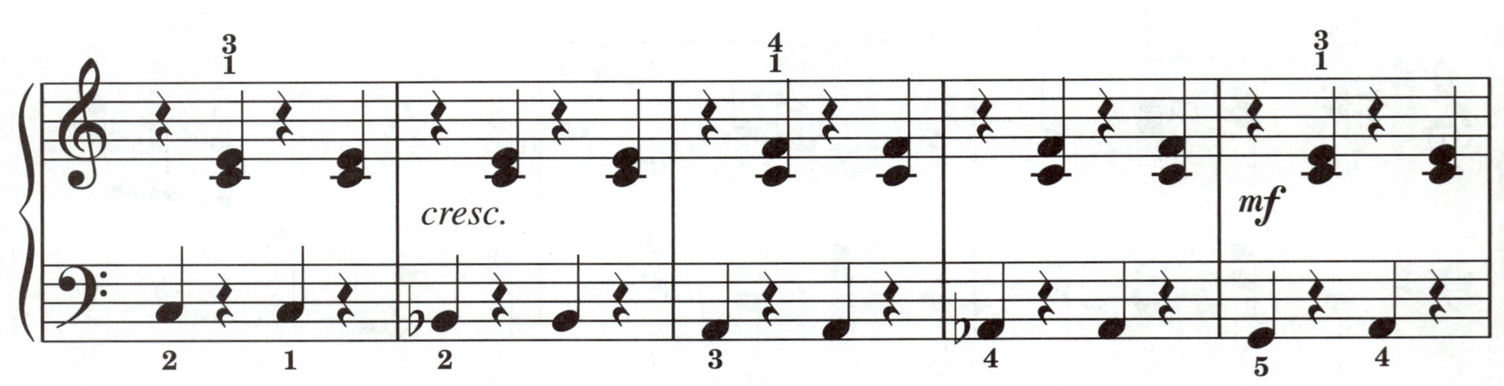

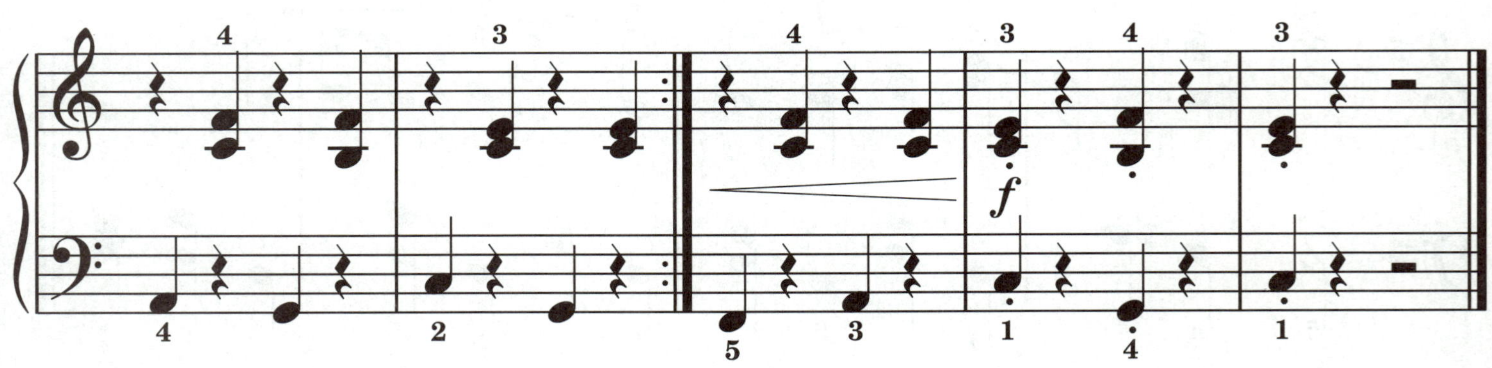

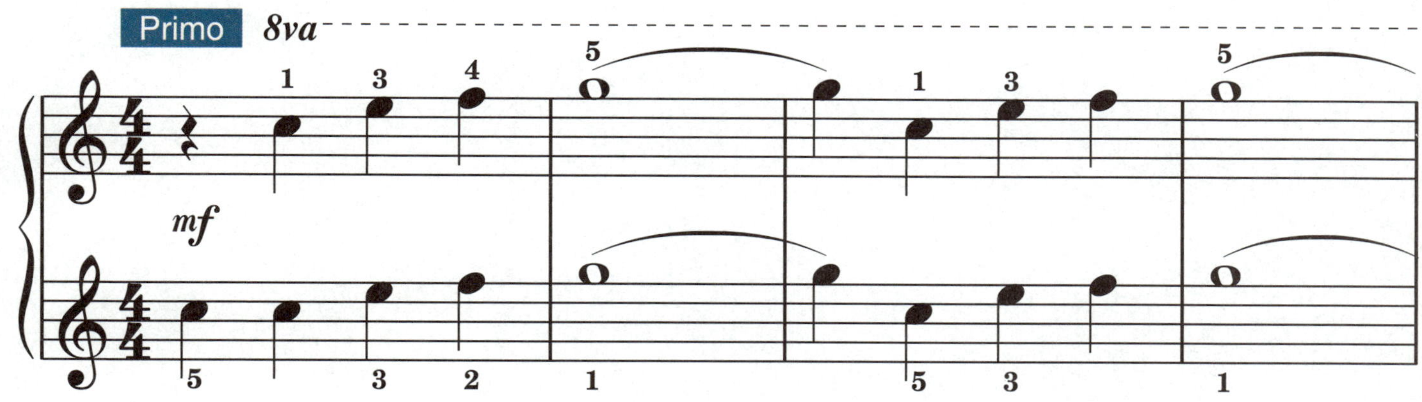
Primo
8va
mf

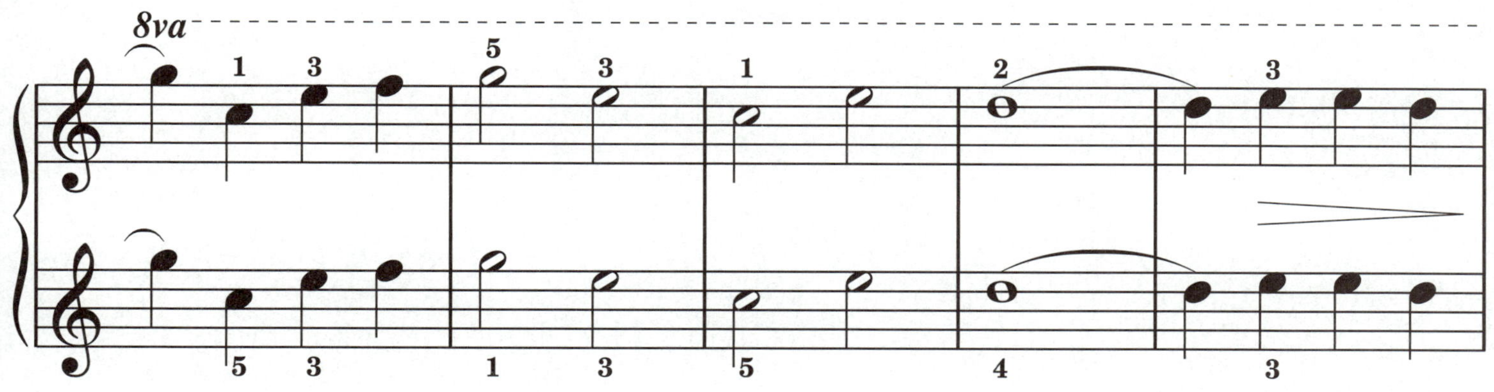
8va
8va

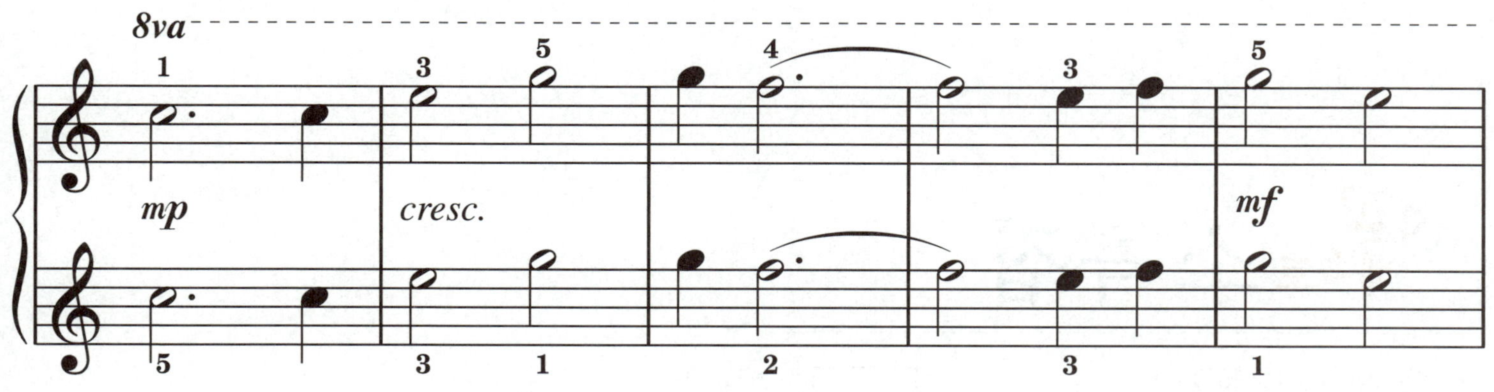
8va
mp
cresc.
mf

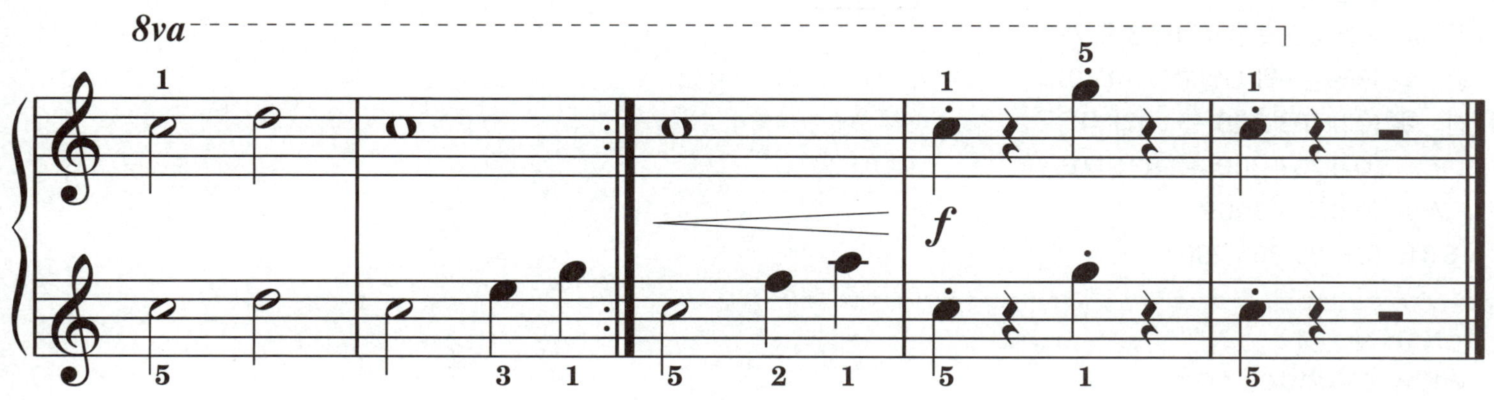
8va
f

발행일 2025년 4월 10일
발행인 남 용
발행처 일신서적출판사
주 소 서울시 마포구 독막로 31길 7
등 록 1969년 9월 12일 (No. 10-70)
전 화 (02) 703-3001~5 (영업부)
        (02) 703-3006~8 (편집부)
F A X (02) 703-3009
I S B N 978-89-366-2907-6

ⓒ ILSIN 2025
www.ilsinbook.com